国家出版基金项目
NATIONAL PUBLICATION FOUNDATION

"十四五"时期国家重点出版物出版专项规划项目
突发公共卫生事件应急物流丛书

应急物流体系中的信息基础设施 建设与技术应用

曲　强　等著

中国财富出版社有限公司

图书在版编目（CIP）数据

应急物流体系中的信息基础设施建设与技术应用／曲强等著．－－北京：中国财富出版社有限公司，2024.11．－－（突发公共卫生事件应急物流丛书）．ISBN 978－7－5047－8312－7

Ⅰ．F252.1－39

中国国家版本馆 CIP 数据核字第 2024078NU3 号

策划编辑	郑欣怡	责任编辑	郑欣怡	版权编辑	李　洋
责任印制	尚立业	责任校对	张莹莹	责任发行	敬　东

出版发行	中国财富出版社有限公司	
社　　址	北京市丰台区南四环西路 188 号 5 区 20 楼	**邮政编码**　100070
电　　话	010－52227588 转 2098（发行部）	010－52227588 转 321（总编室）
	010－52227566（24 小时读者服务）	010－52227588 转 305（质检部）
网　　址	http://www.cfpress.com.cn	**排　　版**　宝蕾元
经　　销	新华书店	**印　　刷**　宝蕾元仁浩（天津）印刷有限公司
书　　号	ISBN 978－7－5047－8312－7/F·3765	
开　　本	710mm×1000mm　1/16	**版　　次**　2024 年 11 月第 1 版
印　　张	18	**印　　次**　2024 年 11 月第 1 次印刷
字　　数	225 千字	**定　　价**　83.00 元

学术顾问委员会

编 委 会

前　言

随着全球社会的不断发展和日新月异的技术变革，我们置身于一个信息纷繁、变数不断的时代。当今世界，突发事件频发，对社会经济和民生安全造成严重威胁。在这个时代背景下，应急物流体系的建设显得尤为重要。应急物流是应对突发事件的重要保障，是确保灾区人民生活物资供应、恢复生产生活秩序的重要手段。本书的编写旨在系统性介绍和讨论应急物流体系下信息基础设施的建设思路及其技术应用，巩固应急物流所需的技术和系统。

本书的起源可以追溯到 2020 年年初，新冠疫情的暴发对全球物流与供应链产生了巨大的冲击。这一事件不仅对应急物流体系提出了新的挑战，更引起我们深入思考未来如何应对突发事件。建设健全的应急物流基础设施已成为国际国内共同关注的焦点。在我国，国家发展改革委强调了建立分级响应和支持系统的重要性，并强调了信息基础设施在其中的关键作用。这正是本书要深入探讨的核心问题。

人类社会早已迈入数字化信息时代，信息基础设施作为应急物流体系中的关键组成部分，扮演着至关重要的角色。我们将其比喻为应急物流体系的"中枢神经系统"，因为它在实现快速、安全、经济、智能的应急物流体系中扮演着关键的支持角色。本书以此为出发点，围绕应急物流体系建设的背景，详细呈现了信息基础设施在应急物流体系中的功能需求。本书第一章对应急物流体系信息基础设施建设进行了概述。对关键组成部分（包括物流和交通基础设施、信息系统及金融基础设施）进行了剖析。在认识到信息基础设施的重要性后，随后的章节深入探讨了其在应急物流体系中的核心作用，阐述了数字基建的必要性、核心元素及其建设和部署的步骤。

第二章对应急场景进行了分析，特别关注了突发公共卫生事件下应急物流的特点，剖析了突发事件对应急物流的诉求，并强调了需要一个适应性和有韧性的系统。该章还评估了我国在突发公共卫生事件中的应急物流管理现状以及四类典型公共卫生灾害场景，明确了需要改进的方面并提出了建议。

第三章概述了应急物流体系信息基础设施的功能需求。这些需求包括快速响应、多方协作、分层分级、智能决策、多目标优化和支持复工复产。该章深入探讨了每个需求的重要性和实现策略。

第四章深入探讨了应急物流体系信息基础设施的架构。本书提出了应急物流体系信息基础设施的分层系统架构，为读者呈现了一个全景式的设计思路，具体涵盖了物理层、感知层、数据层、安全层、协作层和业务层。该章对每一层的功能和优化策略进行了详细阐述。

第五章探讨了应急物流体系信息基础设施的关键技术，详细介绍了人工智能、时空大数据、新一代通信技术、边缘计算、区块链、无人机和卫星遥感等关键技术的基础概念、核心原理、关键技术及与应急物流结合的应用场景，并强调了它们在增强应急物流敏捷性、效率等方面的作用。

第六章聚焦于整体应急物流框架中的主要功能系统。这些系统包括应急物流系统、应急物流综合指挥系统、专用的应急物流通信系统、应急物流信息系统、应急物资保障系统、应急物流配送系统、智能多方应急物流协同系统和基于区块链技术的应急物流信息存证与监管系统。本章对每个系统进行了详细剖析，揭示了它们错综复杂的内在机理和对整体应急物流架构的贡献。

第七章基于不同领域和场景的应用，对信息基础设施及相关技术的需求和使用进行深入分析。本章深入探讨了食品冷链、医药、煤炭等领域的应用，还探讨了一些特定场景，详细剖析了信息基础设施在每个背景下的作用。

作为指引，本书的最后一章探讨了信息技术在应急物流应用中的前沿应用。通过对未来发展方向的讨论，本书为读者展示了应急物流体系中信息基础设施的未来可能性。

在全书的整体统筹和章节分工中，曲强与张小军共同负责全书的统稿工作。具体而言，曲强负责第一、第三、第四、第五章的撰写工作，并参与编写第八章的部分内容；张小军负责第二、第七、第八章的撰写工作，并参与编写第五章的部分内容；裘江南负责第六章的撰写工作，并参与编写第二章的部分内容；王双参与编写第二、第五章的部分内容。这一明确的分工方案有助于确保各章节在内容和风格上的一致性和整体性，使整本书都能保持高水平的质量。这样的协同工作模式有助于每位作者充分发挥自己的专业优势，为读者提供更为全面、深入的内容，从而进一步提升整体的学术和实践价值。

在此，我们特别感谢本套丛书学术顾问委员会委员和中国财富出版社有限公司编辑团队的辛勤工作。同时，我们还要感谢中国科学院深圳先进技术研究院、华为云计算技术有限公司、大连理工大学的相关领导。此外，特别感谢深圳市高性能数据挖掘重点实验室姜青山研究员、智链未来（深圳）科技有限责任公司的欧阳义林先生等对本书的有益建议和支持。

总之，本书致力融合全球视野，汇聚本地见解并吸纳最新技术成果，为从业者、决策者与研究人员提供全面的指南，助力其梳理应急物流数字化建设与应用的思路，以便在面对复杂多变的应急物流状况时能够作出明智抉择。同时，本书积极响应数字中国战略，助力构建专用信息基础设施，增强系统在快速响应、协同作业及灾后恢复等方面的韧性，为应对未来挑战贡献力量。

曲　强

2024 年 2 月

目　录

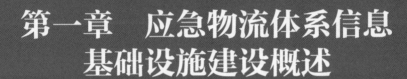

第一章　应急物流体系信息基础设施建设概述

新冠疫情的暴发对全球物流与供应链提出了前所未有的挑战，尤其对突发公共卫生事件下的应急物流（Emergency Logistics）体系需求迫切。有别于普通的物流场景，应急物流的独特性在于其能够从地方、国家甚至全球范围内快速、安全地协调和调拨资源，以确保迅速供应到医院、隔离中心和社区等地。因此，建设应急物流体系成为抗击重大突发事件的核心保障，迫切需要系统、统一和标准的建设方案。这一挑战迫使我们深入思考，如何构建一个具有体系化、统一化和标准化特征的应急物流体系，以更好地应对未来的突发事件。应急物流体系的建设不仅是对技术和流程的考验，更是对卫生系统、政府机构及社会协同作战的一次严峻考验。在这一过程中，我们需要不断总结经验，改进体系，提高协同效率，为全球公共卫生安全构建坚实的后盾。

应急物流体系呈现出几个显著的特点，这些特点不仅在理论上具有重要意义，更在实践中指导着应急物流系统的建设和运作。

首先，时间要素成为应急物流系统的独特标志。由于应急物流具有突发性，即其发生的时间具有极强的不确定性和紧迫性。这决定了在应急物流系统中，"时间"要素至关重要。除了物流的传统六大要素（载体、流体、流向、流量、流程、流速），时间要素被增添为第七大要素。这不仅强调了对时间的高效利用，也要求应急物流系统能够在最短时间内作出反应，以满足灾情或紧急事件下的物流需求。

其次，应急物流具备快速反应的能力。鉴于应急物流的突发性和随机性，系统必须具备快速反应的能力。这意味着应急物流系统需要灵活应对各种突发状况，具有临时性和一次性的特点。系统必须能够快速调配资源、调动人力，并迅速适应不同的应急场景，确保物资能够迅速、精准地送达目的地。

最后，应急物流系统需要具备开放性和可扩展性。由于应急物流的需求在事件发生前难以确定，其需求和供给在应急事件发生后具有不确定性。因此，应急物流系统需要在应急事件发生后能够迅速调整。这就要求系统具备开放性，能够接纳不同来源的信息和资源，以更好地适应变化的需求。可扩展性是指系统需要具备在短时间内扩大规模和容纳更多资源的能力，以满足灾情发展的需要。

通过对这些特点的深入理解，我们能够更好地把握应急物流系统的运作规律，为系统的设计、建设和优化提供有力指导。在实践中，应急物流体系的建设必须充分考虑这些特点，采用灵活且高效的管理和技术手段，以应对未知的挑战，确保在关键时刻提供可靠的支持。

信息基础设施作为应急物流体系中至关重要的基础设施，在实现应急物流体系的快速、安全、经济运作中发挥着关键作用。本章将从三个方面对应急物流体系中信息基础设施的建设进行简要介绍，为后续各章的内容奠定基础。在探讨信息基础设施的各个层面时，我们将深入研究其在应急物流体系中的功能和作用。

第一节　应急物流体系中的关键基础设施

实现一个高效的现代化应急物流体系离不开几个关键基础设施的紧密协同。一般而言，当我们听到"应急物流体系"时，很多人的第一反应可能会将其与物流和交通联系起来，这种想法并没有错。然而，一个真正高效的、现代化的应急物流体系不仅与物流和交通有关，它还需要信息系统的全方位支持，同时，应急物资的迅速流通也与金融系统密切相连。图1-1展示了应急物流体系中的三大关键基础设施。可以说，信息基础设施和金融基础设施是物流与交通基础设施的坚实保障，物流与交通基础设施则是实现物资迅速送达的基础。在这个相互依存的体系中，各个基础设施共同发挥作用，构建起一个有力的支持网络，以确保应急物流体系的高效运作。

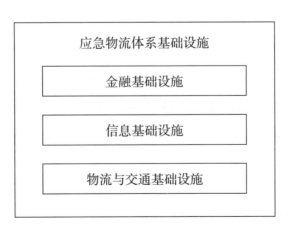

图1-1　应急物流体系基础设施示意

一、物流与交通基础设施

物流与交通基础设施是应急物流体系中至关重要的组成部分，它包括了应急物资的筹集采购、运送过程中所涉及的载体、运输网络与设施及与这些环节相关的人员和机构等。这一基础设施的健全与否直接影响着应急物流体系的整体运作效能，因为它构成了实现物资送达的最基本环节。接下来，我们将简要介绍运输网络、运输载体及与之相关的设施，以更好地理解这些关键环节在应急物流体系中的作用。

需要强调的是，应急物流体系中涉及的这些物流与交通基础设施并非只在紧急状态时使用，在常态下也可使用。因此，我们要在紧急状态时使这些设施能够最大限度、最高效地发挥作用，就要考虑不同类型的物资、不同地区的需求及交通网络的变化等多方面因素。例如，在常态时，一个物流中心可能主要用于储存电商商品，但在发生紧急事件时，它需要迅速转变成应急物资的集散地。同样，某一地区的交通网络在常态下可能主要服务于商业物流，但在应急状态下，它需要迅速转变成应急物资的高效通道。

这种灵活性的实现需要事先进行充分规划和准备，包括合理的设施设计、多样性的物资储备和充分培训相关人员。只有在这些方面做好准备工作，应急物流体系才能在紧急状态下迅速运作，提供迅速、有序的救援物资。在后续章节中，我们将深入探讨具体内容，以提供实用的建议和指导。

（一）运输网络与运输载体

运输网络是应急物流体系中至关重要的一环，涵盖了各类交通网络，包括公路、铁路、水路和航空等。与之密切相关的是运输载体，即适用于各类运输网络的运输工具，如汽车、轮船、火车、飞机等。值得注意的是，新兴技术如无人机、自动驾驶车辆和机器人在物资运输方面的应用正在逐渐流行，为运输方式带来了新的可能性。

在运输网络中，水路因其运载容量和运力大得到广泛应用。然而，在紧急状态下，通常会优先选择公路、铁路和航空，形成多模态的运输方式。这种多模态运输涉及不同类型的运输网络和运输载体，并可能跨越不同的国家和地区，因此需要综合考虑多种因素，以确定最佳的运输方式和路线。

为了构建应急物流体系，必须在常态时对这些运输网络的状态进行及时跟踪和评估，并进行相应的准备工作。这样一来，在紧急状态下，就能够迅速确定最佳的运输网络、运输载体，以及最佳的运输路线，从而确保物资能够迅速、高效地到达目的地。

(二) 相关设施

除了运输网络和运输载体，应急物流体系下的物流与交通基础设施还包括物流中心及相关的仓储设施等。这些相关设施在应急物流体系中发挥着至关重要的作用，通过与运输网络的协同，能够有效降低物资调配过程的成本，提升紧急状态下物资调配的效率。

物流中心在常态时可以当作正常的仓储设施。在面临紧急状态时，这些物流中心可以迅速转变或改造成应急物资调拨和配送中心，以满足迅速增长的需求。

二、信息基础设施

信息基础设施在应急物流体系中扮演着至关重要的角色，它涵盖了支撑整个物流体系中信息传递、处理分析、存储的软硬件，同时还包括系统的对接和协作。应急物流体系中的信息基础设施可分为以下六个关键层次。

（1）物理层。物理层主要解决应急物流中信息传递和通信的问题。这一层次涵盖了通信基础设施，确保在紧急状态下能够快速、稳定地传递信息。无论是移动通信网络、卫星通信还是其他通信手段，都在物理层得到有效整合。

（2）感知层。感知层解决了整个应急物流中各类信息的采集和更新问题。这些信息可能来自物联网传感器、文本、视频等。感知层通过高效的数据采集技术，确保系统能够及时准确地获取所需信息，为后续的处理和决策提供充足的数据支持。

（3）数据层。数据层主要解决应急物流数据的存储和处理问题，起着承上启下的关键作用。在整个架构中，数据的安全存储和高效处理是确保信息畅通的核心。合理的数据管理使各个环节能够迅速获取所需信息，实现信息的共享和交互。

（4）安全层。安全层致力解决体系中的安全和隐私保护问题。在应急物流体系中，信息的保密性和完整性至关重要。这一层次通过加密技术、权限控制等手段，确保信息在传递和存储过程中不受到恶意攻击或非法访问。

（5）协作层。协作层为应急物流中各方的协作提供支撑。在复杂多变的紧急状态下，协作层通过引入合适的协作机制和工具，促进信息共享、任务分配和决策制定，从而提高整个体系的响应速度和协同效率。

（6）业务层。业务层与应急物流的任务相关，是其中各类具体操作的实现逻辑。这一层次包括了应急物流体系的业务流程和规则，确保各类任务能够在信息基础设施的支持下得以顺利实施。业务层的优化使应急物流体系更加灵活和适应性强，能够有效地应对各类突发事件。

总体而言，信息基础设施在应急物流体系中扮演了"中枢神经系统"的关键角色，它的高效运作对整个体系的顺畅运行至关重要。

三、金融基础设施

高效的应急物流体系与充足的资金流密不可分，尤其在应急情境下更显重要。快速采购、调拨、配送物资需要高效的资金筹集、调度、使用和结算机制。金融基础设施涉及结算、资金周转等机制，同时也包括了应急资金的筹集、准备和管理机制。此外，基于金融大数据的征信和风险管控机制也是金融基础设施的重要组成部分。以下将重点介绍供应链金融、征信机制，以及风险管控机制。

（一）供应链金融

供应链金融与传统金融有着明显区别，其主要侧重于从供应链上下游企业的角度出发，以供应链中的核心企业为中心或关键环节为锚点，根据企业之间的业务合作关系，提供金融服务。这一机制的目标是降低企业运营成本、风险，提升整个供应链的运作效率。在供应链金融的生态系统中，涉及的主要参与方包括银行、保理等金融和服务机构、供应链中的核心企业，以及相关的上下游企业和物流企业等。

通过供应链金融的实施，供应链的整体风险得以有效控制，从而实现对单个企业不可控风险的转移。这种机制为企业提供了新的融资渠道，特别是对于原本处于劣势的中小企业而言，不仅融资变得更加容易，而且收益—成本比也得到了显著改善。

在应急物流的背景下，短时间内快速、大规模地调拨和配送物资，对各参与方的资金流都提出了较大的挑战。通过供应链金融，各参与方可以相对容易地解决资金融通的问题。这种金融机制的优势体现在以下几个方面。

（1）风险分散。供应链金融通过将关键企业和上下游企业纳入金融网络，实现了风险的分散。一家企业面临的风险不再是单一的企业风险，而是整个供应链中的共同风险，降低了系统性风险。

（2）灵活的融资渠道。供应链金融为企业提供了灵活多样的融资渠道，包括但不限于应收账款融资、订单融资等。这种灵活性有助于在应急状态下更迅速地调动资金。

（3）中小企业受益。中小企业往往面临融资难题，但通过供应链金融，它们可以更容易地获取资金支持，提高了融资的便捷性，促进了中小企业的发展。

（4）高效运营。通过供应链金融，各个环节的资金流动更加高效，加速了整个供应链的运作，尤其在应急物流场景下，这种高效运营显得尤为重要。

（二）征信机制

应急物流体系中的参与方众多，涉及临时合作的场景，因此必须建立对各参与方的信用评价体系，以降低整个应急物流体系的风险。在应急物流体系中，征信机制是金融基础设施的一个关键环节，旨在全面评估各参与方的信用状况。征信机制应该结合体系内和体系外两个渠道来为各参与方建立信用资料。对于一个参与方的信用资料，可从其在应急物流体系内的历史行为和数据进行分析。然而，应急物流体系通常只在灾情发生时比较活跃，其他时段并非一直活跃，导致相关的历史行为和数据相对有限。

为了解决这一问题，征信机制需要与体系外的征信机构对接，获取各参与方在体系外的信用情况。这有助于弥补应急物流环境中参与方数据有限的问题，更好地评估各参与方，最大限度地降低信用风险，提升应急物流体系的稳健度。在常态下，我们需要构建全面的、动态的、多维度的组织和个体征信体系，以确保在灾情发生时能够充分借助征信机制的力量。

一个良好的征信机制有助于促进应急物流体系下中小物流企业的健康发展和风险防范。通过建立信用档案，各参与方能够更容易地获取融资支持，同时征信机制也能够在金融支持的过程中对各参与方的信用状况进行监控，及时发现并应对潜在的风险。这为应急物流的稳定运作提供了有力支持。在后续章节中，我们将更深入地研究征信机制在应急物流中的实际应用、优化策略及未来发展趋势。

（三）风险管控机制

风险管控机制是确保整个应急物流体系金融秩序正常的关键环节。正如前面提到的，应急物流涉及的参与方众多，其中许多是临时合作，由于缺乏长期信任基础，对风险的防范和管控面临巨大的挑战。同时，应急物流运作于灾情环境下，存在政策、行业和市场的不确定性，除了征信机制外，还需要考虑其他管控机制来降低潜在风险。

这些风险管控机制涵盖了宏观层面和微观层面两大类。在宏观层面，我们需要及时评估灾情发展态势，并建立合适的模型，分析国内外政策和政府措施对应急物流的影响，实时跟踪行业态势并评估风险点。这种全局性的视角有助于在复杂多变的环境中及时作出决策，从而降低整个体系的宏观风险。

在微观层面，我们需要建立详细的风险评估模型，实时监控应急物流体系内各项交易和财务活动的模式，并及时识别异常模式。此外，需要及时跟进应急物流体系各参与方的潜在财务风险，规范各参与方内部流程，应用区块链和人工智能等先进技术手段，以保障整个应急物流体系中的产品和行为可溯源。这种微观层面的风险管控机制能够在具体交易和操作层面防范和化解风险。

风险管控是一项任重道远的工作。除了技术层面的措施，更重要的是应急物流体系中的每一个参与方都需要保持警惕意识，并充分认识到风险管控的重要性。在未来的研究和实践中，我们还将深入探讨新技术的应用、风险管控机制的创新等方面，以建设更加健全、安全、高效的应急物流体系。

上述内容简要介绍了应急物流体系中的金融基础设施。完善的金融基础设施为中小企业充分参与应急物流体系的建设提供了机会，同时更加便捷地实现了风险的可见和可控。在这一过程中，金融基础设施通过供应链金融、征信机制及风险管控机制等关键手段，架起了中小企业和整个应急物流体系之间的桥梁。首先，通过供应链金融，企业能够更容易地获得融资支持，特别是对于原本处于劣势的中小企业，其融资的容易程度和收益—成本比得到明显提升。这一机制不仅有助于中小企业更好地应对应急情况下的紧急资金需求，还促进了供应链整体的风险可控。其次，征信机制的建立使各参与方在体系内外都能够建立全面的、动态的、多维度的信用资料。这对于降低信用风险、提升应急物流体系的稳健度至关重要。尤其是在新常态下，良好的征信机制有助于促进中小物流企业的健康发展和风险防范。最后，风险管控机制作为维护整个应急物流体系正常金融秩序的关键环节，为各参与方提供了全方位的风险防范和应对机制。宏观和微观层面的风险监测、评估和管控，为整个体系在灾情发生时提供了有效保障。完善的金融基础设施不仅为中小企业提供了更多参与应急物流体系建设的机会，也使整个体系更具韧性和可持续性。通过这些金融手段的运用，我们能够更好地实现风险的可见、可控，为应急物流体系的高效运作提供了坚实基础。

第二节　信息基础设施对于应急物流体系建设的重要性

人类社会已经全面进入信息化时代，智能社会和智慧城市的建设如火如荼。信息基础设施对于应急物流体系建设的重要性毋庸置疑。本节将从两个方面阐述信息基础设施对于应急物流体系建设的重要性。一方面，信息基础设施是应急物流体系建设的必要条件；另一方面，信息基础设施是应急物流体系建设的核心元素。

一、信息基础设施是必要条件

信息基础设施是应急物流体系建设的必要条件，应急物流体系的建设离不开信息基础设施的支持。一个现代化的应急物流体系需要在多个部门间进行大量的、高频度、实时的信息交互，以及数据的有效处理。如果缺乏一个有效的信息基础设施，将导致整个体系的效率下降，甚至很多功能无法执行。在这方面，以下举例说明信息基础设施的不可或缺性。

（1）实时通信。应急物流体系中，各参与方需要进行及时沟通与协作，特别是在应对紧急情况时。例如，在协调医药物资的调度时，医院、物流中心、政府机构之间需要进行实时通信，以确保物资能够快速、准确地到达需要的地方。缺乏信息基础设施的支持，实时通信将无法有效完成。

（2）数据共享。应急物流的执行依赖于参与方之间的数据共享。例如，在新冠疫情暴发时，各地医疗机构需要实时了解医药物资的储存情况，政府机构需要追踪疫情数据，这些都需要在保障实时性、安全性和隐私性的前提下进行数据共享。信息基础设施提供了实现这一目标的技术支持。

（3）数据处理和流程支持。应急物流需要在极短时间内响应突发需求，包括制订采购计划、资金流转、物资配送等环节，这都依赖于高效的数据处理和流程支持。信息基础设施通过提供高性能的数据库、实时处理系统等技术手段，支持应急物流体系在应对灾害时的迅速行动。

因此，信息基础设施的建设不仅是为了提高效率，更是确保整个应急物流体系在面对紧急状况时能够迅速而有序运作。没有这样的基础设施支持，应急物流体系将面临巨大的困难，难以实现快速、安全、经济的应急物流体系。因此，投资和发展信息基础设施是应急物流体系建设中的迫切需求。

二、信息基础设施是核心元素

信息基础设施不仅是应急物流体系建设的必要条件，更是其核心元素，成为应急物流体系的重中之重。在数字化时代，一切都围绕信息系统展开，应急物流的各项业务已经与信息基础设施紧密耦合，为实现快速、高效的应急物流过程提供了不可或缺的支持。以下是对这一观点的进一步润色和拓展。

（1）信息基础设施是关键要素。数字化时代已经使我们习惯于信息的快速流动和高效处理。在应急物流体系中，这一趋势更为明显，信息基础设施不仅是必要的，而且是体系的核心元素，扮演着统领全局的大脑角色。这体现在多个方面，从决策层面的需求来看，我们需要一个系统能够迅速而准确地处理大量高频的数据。

（2）智能感知与分析。信息基础设施的重要性在于它能够实现对灾情发展态势的智能感知和分析。通过实时数据的采集与处理，系统可以迅速了解灾情的发展趋势，为应急物流的决策提供及时的情报支持。

（3）智能建模与预测。在应急物流体系中，智能建模与预测是信息基础设施的核心功能之一。系统能够通过对历史数据的分析，建立智能模型来预测未来物资的需求，从而使物流系统更具响应性和高效性。

（4）智能优化与决策。信息基础设施不仅提供智能化的物流配送方案，还能在决策层面进行智能优化。这包括从智能化选取物资配送点到制定最优路径和规划，使整个物流系统更为高效。

（5）全面可观测与流程优化。通过信息基础设施，整个应急物流体系可以实现全面可视化。这意味着决策者可以清晰地了解物资流向、需求状况及各个节点的实时状态。基于这样的全面可视化，可以更好地进行流程优化，确保应急物流系统的高效运作。

因此，信息基础设施的全面介入可使应急物流体系在决策层面具备数字化、智能化的能力，从而确立其在整个应急物流过程中的核心地位。从灾情发展趋势的智能感知到智能分析，从物资需求的智能建模到智能预测，从物资配送点的智能化选取到物流配送方案智能优化与决策，从城市交通网络分析到最优路径选择与规划，从应急物流整体可视化到流程优化，信息基础设施充分介入应急物流体系的决策，是无可争议的核心元素。

第三节　相关信息基础设施建设与部署的方法

信息基础设施的建设与部署是确保整个应急物流体系成功运作至关重要的环节。在进行这一关键任务时，不仅需要良好的规划，更需要高质量的实施。本节将简要地梳理应急物流体系信息基础设施建设与部署的方法和步骤，以确保系统的顺利运行和高效地应对紧急状况。

一、建设与部署的整体思路

在进行应急物流体系信息基础设施建设与部署时，明确整体流程显得极为重要。这有助于厘清主次，防范遗漏和风险点，使项目开发在循序渐进中稳步推进。

应急物流体系信息基础设施建设与部署思路如图 1 – 2 所示，主要包括六大步骤：确立管理主体和利益相关者、明确需求（软硬件）、原型系统建设（自主开发、外包、采购集成）、调试与试运行、投入使用（应急使用）、日常运行维护。值得强调的是，在整个建设与部署的过程中，专门面向应急物流场景需求的团队是必不可少的。这样的团队能够长期负责应急物流体系信息基础设施建设与部署，从而保证项目的质量和进度。

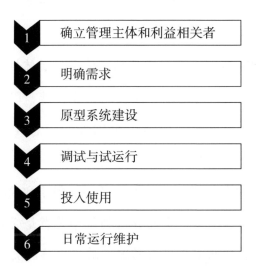

图 1 – 2　应急物流体系信息基础设施建设与
部署思路示意

二、建设与部署的关键环节

（一）确立管理主体和利益相关者

在着手建设信息基础设施之前，必须首先明确管理主体和体系范围。在明确管理主体后，应进一步明确利益相关者。利益相关者不仅包括直接参与的组织和机构，还包括该应急物流体系所有的相关方。在这一阶段，需要进行全面的利益相关者分析，以确保所有参与方的需求和期望都能得到合理考虑。

（1）管理主体的明确定位。在应急物流体系的建设中，明确定位管理主体是确保项目成功的关键一步。这有助于确立决策层级和权责清晰的管理框架。例如，若国家级政府是管理主体，则其在协调、决策和资源分配方面将发挥核心作用；若市级政府是管理主体，则其将在更局部化的范围内进行管理。

（2）明确体系范围。根据应急物流体系的具体规模和定位，确定应急物流体系覆盖的地理范围、涉及的行业领域，以及体系服务的对象。在国家范围内，可能需要考虑全国性的信息互联；在城市范围内，可能更注重于本地的资源调配和应急响应。

（3）利益相关者分析。利益相关者不仅限于政府层级，还包括企业、公众、非政府组织等。全面分析利益相关者是必要的，这确保了所有相关方的利益和期望被妥善考虑，减少后续冲突和问题的发生。

（4）建立协同机制。不同管理主体和利益相关者之间的协同是应急物流体系成功运行的关键。因此，在确立管理主体和利益相关者的同时，建立有效的协同机制，包括信息共享、决策沟通等，有助于提高体系的整体效能。

（5）法规和政策合规性。根据所在地区和国家的法规和政策，确保应急物流体系的建设在法律框架内合规进行。明确管理主体和利益相关者需要遵循的法规和政策，以规避潜在的法律风险。

（二）明确需求（软硬件）

在应急物流体系的建设中，明确需求是确保系统功能性的关键步骤。这需要在项目启动阶段，由管理主体和利益相关者共同牵头，充分沟通和理解各方需求，以便在建设过程中更好地规划和实施。针对应急物流体系的建设，更应该根据范围的框定，提前动态地分析需求，有针对性投入、建设和部署，避免资源的浪费。

（1）需求梳理与分析。在明确需求之前，首先需要进行全面的需求梳理和分析。这包括对整个应急物流体系的功能、性能、安全性、可用性等方面的要求进行详尽了解。其次，在此基础上与管理主体和利益相关者进行沟通，然后收集并整理各方提出的需求，确保没有遗漏关键的功能点。

（2）管理主体与利益相关者的参与。确定需求过程需要涵盖所有的管理主体和所有可能的利益相关者。由管理主体牵头，组织利益相关者会议或研讨会，以深入了解各方对于应急物流体系的期望和要求。这有助于形成一个全面而一致的需求列表。

（3）功能需求的评估与取舍。在明确了所有的功能需求后，需要进行评估和取舍，这可能涉及资源的分配、预算的安排和技术的可行性研究等方面。评估和取舍需权衡各项需求，确保最终的功能需求既能满足主要目标，又能在可控的范围内实现。

（4）软硬件需求的确定。基于明确的功能需求，进一步确定软硬件需求。在软件层面，包括系统架构、数据库设计、用户界面等方面的要求；在硬件层面，包括服务器性能、网络设备、终端设备等的规格和配置。这需要根据需求的复杂性和规模，灵活选择相应的技术方案。

（5）动态需求分析。应急物流体系在突发公共卫生事件发生时要迅速响应，其需求可能会在不同的应急场景下发生变化。因此，动态的需求分析是必要的，可以根据实际情况灵活地调整和扩展系统的功能。

（6）避免资源浪费。明确需求有助于避免后续资源的浪费。在建设前期，深入的需求分析有助于更有针对性地投入、建设和部署系统，确保资源得到最优利用。

明确需求是应急物流体系成功建设的关键一环。它为后续的原型系统建设、调试与试运行提供了清晰指导，确保了系统在满足各方期望的同时能够高效稳定运行。

（三）原型系统建设（自主开发、外包、采购集成）

在需求明确的基础上，原型系统的建设是应急物流体系信息基础设施成功实施的关键一步。该步骤通常包含自主开发、外包和采购集成等方式，不同的选择会在建设过程中产生不同的影响。

1. 自主开发

（1）优势。自主开发能够提供高度定制化的解决方案，充分满足应急物流体系的特殊需求。过程透明，有助于管理主体全程掌控；修改灵活，可根据实际需要调整系统。

（2）劣势。自主开发可能需要更多的时间和资源，且在某些技术领域可能不如专业的外部团队。

2. 外包

（1）优势。外包可以在一定程度上减轻管理主体的工作负担，专业团队承担开发任务有利于提高开发效率。外包团队通常具有更丰富的经验，能够迅速应对各种技术挑战。

（2）劣势。外包过程中需要管理主体与外包团队之间的密切协作，沟通与管理成本较高，且在开发过程中需要确保数据安全。

3. 采购集成

（1）优势。采购现有系统并进行集成可以加快建设速度，降低整体成本。市面上有许多成熟的系统可供选择，一些主流解决方案可能已经被广泛验证。

（2）劣势。采购集成方式通常较难进行个性化定制，有时可能需要妥协一些需求。对于某些特殊应急物流场景，市场上的现有系统未必能够完全满足。

在选择建设方式时，管理主体应综合考虑自身的技术实力、项目的紧急程度、预算状况及系统的特殊需求。有时候，采用自主开发、外包和采购集成相结合的方式可能是合适的选择。

无论选择哪种方式，都需要确保建设团队具备足够的专业知识，并在建设过程中保持与管理主体和利益相关者的紧密协作，以确保原型系统的质量和功能满足实际需求。

（四）调试与试运行

完成原型系统的建设后，即进入调试与试运行阶段。这一关键步骤旨在通过广泛测试发现系统中存在的问题和漏洞，随后对原型系统进行调整和迭代。对于应急物流系统而言，这一过程至关重要，因为应急物流系统常常面临紧急、复杂的灾情环境，系统必须在投入使用前解决所有潜在问题。当然，有的时候我们没办法明确所有的需求，系统的调整需要在应急环境中进行迭代调整，例如，在新冠疫情的管理过程中，我们开发了各类亮码系统、大规模核酸检测系统等。但是我们也看到了，正是因为某些地方应急管理信息基础设施建设思考、规划、调试与试运行不足，导致亮码系统阻塞、数据同步不及时等问题。

（1）测试与问题发现。在调试与试运行阶段，进行全面而系统的测试是必要的。测试包括功能测试、性能测试、安全性测试等多个方面。通过模拟实际应急情境，测试者能够发现系统可能存在的问题和不足之处。

（2）系统调整与迭代。基于测试结果，对原型系统进行调整和优化。这可能涉及修复漏洞、提升性能、增强安全性等方面。调整后需要进行新一轮测试，确保问题得到有效解决。

（3）迭代调整的灵活性。在应急物流领域，由于难以准确预测所有需求，系统的调整可能需要在应急状态下进行。例如，在应对新冠疫情时，开发了各类亮码系统和大规模核酸检测系统。这凸显了在应急环境中对信息基础设施的迭代调整的灵活性。

（4）问题反馈与解决。设立有效的问题反馈机制，允许系统使用者和其他相关方报告问题。及时响应问题，解决漏洞和缺陷，确保系统在应急状态中的顺畅运行。

综合而言，调试与试运行是信息基础设施建设中至关重要的一步。只有通过充分测试、灵活调整和及时解决问题，我们才能确保系统在应急物流环境中具备高效运行和应对各种复杂情境的能力。

（五）投入使用

经过调试与试运行后，系统准备投入使用。这一阶段至关重要，需要确保系统的高效、稳定运行。以下是投入使用阶段的关键考虑因素。

（1）数据中心选择。选择适当的数据中心是确保系统稳定性的关键一环。数据中心的地理位置、网络连接性、硬件设施及安全性都需要在选择过程中充分考虑。有时采用多地数据中心配置，以提高系统的容错能力和韧性。

（2）灾备系统。引入灾备系统是确保系统连续性的有效手段。在自然灾害或其他紧急情况下，灾备系统可以迅速接管主系统的功能，减轻潜在的中断风险。灾备系统的设计需要考虑全面性，确保在灾难发生时的平稳过渡。

（3）数据和系统冗余机制。实施有效的数据和系统冗余机制是提高系统可靠性的重要措施。采用备份关键数据、使用冗余服务器等手段，确保系统在硬件故障或其他意外情况下，依然能够正常运行。

（4）扩缩容机制。在投入使用后，系统的负载可能会随着需求的变化而波动。扩缩容机制可以根据实际负载情况动态调整系统资源，保障系统在高峰时段仍能保持高效运行。

（5）安全性保障。在投入使用前，系统的安全性需要得到充分保障。这包括设置有效的身份验证和授权机制、实施加密传输、定期进行安全审计等。信息基础设施的安全性是应急物流系统不可忽视的方面，尤其是涉及敏感信息和资金流的场景。

（6）用户培训和沟通。投入使用前需要进行用户培训，确保所有用户能够熟练使用系统功能。此外，建立有效的沟通机制，及时获取用户反馈，解决可能出现的使用问题。

（7）监测与性能优化。实施全面的监测机制，跟踪系统的性能表现。在实际使用中，可能会面临不同的挑战和变化，因此需要定期进行性能优化，以保证系统能够在不断变化的环境中保持高效运行。

综合考虑以上因素，系统投入使用是信息基础设施建设的一个重要节点。科学合理的设计和准备工作能够确保系统在实际应急物流场景中发挥最佳作用。

（六）日常运行维护

系统投入使用后，日常运行维护是确保系统持续高效运转的关键步骤。以下是日常运行维护的主要内容。

（1）定期环境检测与设备维护。对数据中心的环境进行定期检测，确保温度、湿度等参数在安全范围内。同时，对服务器、网络设备等硬件进行定期维护，及时替换老化设备，防范硬件故障。

（2）服务器负载均衡。实时监测服务器负载情况，根据实际需求进行负载均衡调整，以确保不同服务器的负载相对均衡，避免某一服务器过载而影响整体性能。

（3）数据备份与恢复。定期进行数据备份，并测试备份数据的可恢复性。只有这样，系统才能在灾难发生或数据丢失时迅速、准确地进行数据恢复，防范信息丢失的风险。

（4）问题排查与解决。及时响应用户反馈和系统报警，追踪和解决系统运行中的问题。建立有效的问题排查流程，确保问题及时得到妥善处理。

（5）系统性能监测与优化。持续监测系统性能，包括响应时间、吞吐量等指标。根据监测结果，进行系统性能优化，提高系统的稳定性和效率。

（6）安全漏洞与更新管理。定期检查系统和软件的安全漏洞，并及时进行修补和更新。保持系统处于最新的安全状态，防范潜在的安全风险。

（7）用户培训与支持。继续提供用户培训，帮助用户更好地使用系统功能。建立用户支持渠道，及时回应用户咨询和反馈，保持与用户的良好沟通。

（8）性能测试与容量规划。定期进行性能测试，评估系统的承载能力。根据测试结果，进行容量规划，确保系统能够应对未来的业务增长和应急需求。

日常运行维护是信息基础设施管理的常态工作，能够提高系统的稳定性、安全性和可维护性，为应急物流体系的顺畅运行提供可靠的支持。

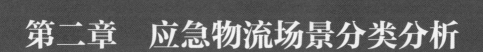

第二章　应急物流场景分类分析

第一节 灾害对应急物流体系提出挑战

一、灾害的分类和划分

从灾害发生源头来看，一般将灾害分为两大类：自然灾害和人为灾害。自然灾害是主要的灾害类型，人为灾害与自然灾害之间存在联动因素，有些人为灾害也会演变成自然灾害。

（一）自然灾害的分类及说明

自然灾害是指自然界发生的、会对周边的人、物造成灾害的自然现象。及时的信息获取和预判对于自然灾害的提前防范具有重要意义。

按照紧急程度进行划分，自然灾害可以分为两大类。①突发性灾害，主要是因临时性的变化所引发的即发性灾害。例如，地震、瞬时强降雨、雷电、风暴、雪崩、台风等。此类灾害具有时间短暂，局部灾害巨大，对信息的实时性获取需求高，应急物流的调配要求快速等特点。②缓发性灾害，这类灾害的发生会带来一段时间内的持续影响和危害。例如，水土流失、水污染、土地沙漠化等。此类灾害发生周期缓慢，其危害后果往往经过一定时间的积累，达到一定程度后才形成巨大灾害。这类灾害从形成到消除是个长期的发展过程。一旦形成，其覆盖面广、影响面大，会带来数十年甚至上百年负面影响的严重后果。因此，对于该类灾害，需要通过数字技术早发现、早预防、早治理，将灾害消灭在萌芽期。

在自然灾害的两种类型中没有提及公共卫生灾害，这是因为公共卫生灾害是一类较为特殊的自然灾害，其兼具突发性和缓发性的特点。其突发性表现在，一旦出现公共卫生事件，就会快速形成局部灾害，而一旦控制不住，就迅速蔓延，形成大面积的群体灾害；同时，此灾害持续时间长，短则数月，长则数年，具备缓发性灾害的特征。公共卫生灾害的破坏性及危害性巨大，需要借助信息和数字技术进行防、控、管、治一体化协同防控，并借助全盘信息对应急物流体系进行信息调度和管理。

（二）人为灾害的分类及说明

人为灾害是指由于人为因素所引发的灾害。人为灾害包括矿难、战争、恐怖活动、计算机病毒、人为投毒、污染（如日本的核污染水排海导致的海洋污染）等。应对此类灾害的重点是对人行为的监管，因此，借助信息和数字技术，如物联网的信息采集，无人机的自动巡视，人工智能的分析判断，区块链的数据传输防伪等技术，实现以信息和数字技术为基础的信息获取与采集，让信息技术辅助监管，这对于提升监管的覆盖面、监管频度等具有重要意义。

二、应急物流在不同环境下需要面对的问题

应急物流主要面对人为灾害、自然灾害下产生的物资、人员临时调配需求的紧急性的物流活动。应急物流体系首先要实现时间效益最大化及灾害损失最小化。但应急物流体系仍存在一些典型性问题。

（1）物资管控不到位，错配问题相对比较突出。应急物资无法第

一时间调配到位，仓库质押与应急需求相矛盾。其主要问题是缺乏统筹的物资管控平台，导致前端采购，中端运输库管，后端发放和统计都呈现出杂乱无章的状态。从公共卫生灾害中的口罩库存管理来说，全国的口罩型号不一，同时又有大量来自国外的口罩捐赠，导致种类繁杂。虽然都是口罩，有些口罩可以用于医疗，有些口罩只能用于基本防护，这需要对口罩进行物资清点、分类堆码、数据统计、分类配送等工作。

（2）物流企业处理分散，以专车模式实现的应急物流体系效率过低。在出现灾害时，应急物流多采用专车模式，这就导致了车辆装载率不足，且物流企业对物资的处理也过于分散，极大降低了物流效率。同时，应急物流专车在运输途中缺乏统一标识信息，造成车辆在物流途中受阻等问题屡屡出现。

（3）各阶段分工不清晰，导致交付效率低下。灾害发生后，物品的采购及捐赠的需求、物品的调拨及分配、仓库的储存及配发、物资的整理及发放等环环相扣，需要打通信息流，提升相互配合效率。此时，信息的及时性和准确性成为关键。

第二节 以公共卫生灾害场景为例的应急物流

一、公共卫生灾害总体概述

（一）公共卫生灾害的类型划分

近年来，世界范围内的突发公共卫生事件频频发生（如新冠疫情、埃博拉病毒、霍乱、中东呼吸综合征、各类禽流感等），对全球经济、供应链、社会安全及人的生命财产带来了严重威胁。公共卫生灾害可以从三个方面来划分：①按照疾病的基本原理与性质进行划分，可以分为传染性的公共卫生灾害和非传染性的公共卫生灾害；②按照事件发生原因来划分，可分为原生突发公共卫生灾害和由其他突发事件所引发的次生公共卫生灾害；③按照事件发生发展的时间来划分，可分为尚未造成大规模疫情扩散和病例感染的灾害、疫情初期发生灾害以及疫情持续发展且累计病例数达到预警值的灾害。为了对公共卫生灾害进行及时应对和妥善处理，《国家突发公共卫生事件应急预案》中，按照事件性质、危害程度及涉及范围，将事件分为了特别重大（Ⅰ级）、重大（Ⅱ级）、较大（Ⅲ级）、一般（Ⅳ级）四个等级。其中，Ⅰ级主要包括7点。①肺鼠疫、肺炭疽在大、中城市发生并有扩散趋势，或肺鼠疫、肺炭疽疫情波及两个以上的省份，并有进一步扩散趋势。②发生传染性非典型肺炎、人感染高致病性禽流感病例，并有扩散趋势。③涉及多个省份的群体性不明原因疾病，并有扩散趋势。④发生新传染病或我国尚未发现的传染病发生或传入，并有扩散趋势，或发现我国已消灭的传染病重新流行。⑤发生烈性病菌株、毒株、致病因子等丢失事件。⑥周边以及与我国通航的国家和地区发生特大传染病疫情，并出现输入性病例，严重危及我国公共卫生安全的事件。⑦国务院卫生行政部门认定的其他特别重大突发公共卫生事件。

（二）突发公共卫生事件的特点

通过对国内外已发生的典型突发公共卫生事件进行总结，我们发现其总体上呈现出事件多样、发生高频、危害严重、国际性强等特征。因此，突发公共卫生事件的应急管理过程中，要着重注意其以下特点。

1. 突发性

突发公共卫生事件具有与其他突发事件类似的突发性特点。这类事件发生突然，且极具不确定性，其发生发展往往没有直接预示和明显的征兆。因此，其很难在初期被察觉，事件发生的时间、地点、原因以及范围和强度也很难被相关部门（如应急管理部门和疾控中心）提前预知。因此，突发公共卫生事件一旦暴发，相关部门往往会由于事件的突发性而难以有充足的准备。

2. 公共性

突发公共卫生事件通常由某种病原体引起，多以疫情的形式出现，具备较强传染性，其可以通过特定的传染媒介迅速传播，可能会由局部地区经由交通工具、接触感染等途径而扩散，造成邻近地区甚至是其他国家与地区的大范围公众感染。因此，暴露于突发公共卫生事件中的群体往往不是特定的群体，而是公共社会群体，这种强公共属性使突发公共卫生事件容易形成大范围暴发，对人民的身心健康和公共安全造成严重的威胁。

3. 危害性

根据此前的分析，突发公共卫生事件的突发性、公共性等特点使其在发生后得到快速发展，从而对公众、社会造成巨大威胁。这一危害不仅包括事件带来的物理伤害，还包括由舆论造成的心理恐慌、经济损失及对国家应急管理体系的巨大冲击。并且，这些危害很可能随着事件的不断发展而持续存在且不可逆，因此突发公共卫生事件的危害性无疑成为应急管理的重点研究对象。

4. 综合性

突发公共卫生事件的应急管理工作往往涉及多地区、多系统、多部门的联合互动，因此其具有很强的综合性。疫情的传播途径、地区情况及个体之间的差异，也会给突发公共卫生事件带来不同的表现形式。因此，其处置与应对极为复杂。

二、公共卫生灾害对应急物流的诉求

（一）公共卫生灾害下应急物流的特点分析

公共卫生灾害的应急物流具有时间紧迫的特点，其对于公众生命安全的保护至关重要。有效的公共卫生灾害应急物流管理对于保证公共卫生灾害的有效治理和应对具有重要意义。与商业物流或其他事件应急物流相比，公共卫生灾害情境下，应急物流的物资需求多为对特定药品及各类一次性医疗用品的需求，其具有以下几个重要特点。

1. 公共卫生灾害物资需求信息不确定性强

公共卫生灾害发生后，由于缺乏事件危害程度、传染源、传播途径和患病人数等相关信息，应急物流管理者很难直接对资源配置作出合理决策。并且疫情存在潜伏期，物资需求的相关信息存在滞后性，这给物资配送带来了极大困扰。此外，医药物资需求存在高度的不确定性，这就使应急物流管理者很难正确判断物资的需求数量。虽然在常态化的物流管理和一般突发事件的应急物流管理过程中物资需求也存在不确定性，但是其数量的概率分布相对稳定。然而，对于公共卫生灾害来说，随着公众对疫情基本信息的不断了解和国家疾控中心及医疗卫生工作应对经验的提升，医药物资需求的不确定性会减弱，这就使其概率分布不断变化，因此，这种情境下应急物流的需求信息往往难以确定和准确测算。

2. 公共卫生灾害的疫情暴发区域不可预测性强

公共卫生灾害由于具有高度不确定性和传染性，疫情暴发区域和暴发时间往往很难准确预测。并且，发达的交通工具和较大的人员流动性也加大了公共卫生灾害的传播扩散范围、加快了公共卫生灾害的传播速度，这就导致了疫情暴发区域更加难以判断。同时，由于各地区的应急管理水平、公众健康素养、公民生活习惯和地区风俗等存在显著差异，疫情在不同区域的传播和传染情况显著不同，这就更加剧了公共卫生灾害应急物流管理的困难。

3. 公共卫生灾害对应急物流时间紧迫性强

公共卫生灾害对公共安全、公众健康有极大危害，这就对应急物流的时间效率要求更高。"时间就是生命"，如果难以在短时间内进行快速物资配送和服务，那么疫情很可能会在短时间内进行更广泛传播，影响更多的公众，造成更大的损失。

4. 公共卫生灾害下应急物资的可替代性低

公共卫生灾害对于应急物资的要求极高，尤其是医药物资配送时间紧迫，并且不同于普通救援物资（如食物、衣服等），公共卫生灾害的医药物资通常难以用其他物资替代，具有其特定的适用性，而且不同种类的药物往往也无法互相替代。这就要求国家及医疗救援部门进行足够的医药物资储备。

（二）公共卫生灾害下应急物流体系的建设需求

由于公共卫生灾害具有突发性、危害性、公共性及综合性等特点，因此应急物流具有物资需求信息不确定性强、疫情暴发区域不可预测性强、应急物流时间紧迫性强和应急物资可替代性低等特点。这就要求针对公共卫生灾害，必须建立起一个快速、科学、有效的应急物流体系，实现数字化建设是其重要的一环。公共卫生灾害下应急物流体系的建设需要把握以下几点要求。

1. 提高应急物流数字化水平以保证救援效率

应急物流的高效运作离不开物流信息平台高度的数字化支持。为了能够更好地应对突发公共卫生事件，政府及相关的应急管理部门首先需要准确、快速了解应急物资的详细需求情况、应急物资的具体储备及生产情况，以及应急物资的实际分布情况，以便快速及时地制定应急物流配送策略。否则，如若物流数字化建设不完善，缺乏快速有效的信息渠道，相关管理部门难以进行准确快速的调度与决策，导致应急医药物资难以及时送给前线医护人员和病人，影响疫情防控效率。同时，在公共卫生灾害发生后，各种救援信息、社会捐助信息烦冗复杂，如果信息不通畅、沟通不及时，就会造成物资需求和供应不相匹配的情况。

另外，由于公共卫生灾害具有突发性，如果没有通畅的信息沟通机制和渠道及时沟通和通报应急物资的需求、来源和供给情况，相关部门就难以作出决策，这往往会造成疫情初期医药物资急剧缺乏，后期经过社会救助医药物资反而严重过剩的情况。因此，要对物资配送做到实时掌控、合理监控、有效把握，就必须建立高效的应急物流数字化平台并完善相应基础设施的配备，以保证公共卫生灾害救援效率。

2. 完善物资储备及调度系统以保证救援力度

在公共卫生灾害发生后，需要将医药物资、食品、衣物等应急物资及时、准确地运输到疫情发生地，以满足疫区群众的正常生活。医药物资不同于一般物资，对储存环境和运输过程有特殊要求，且医药用品的可替代性低。因此，要重点强化医药物资配送能力。在前期，为了完成初期应急物资的采购、运输和配送，急需充足的人力、物力和财力。我国救灾物资储备库主要储备生活必需品（如帐篷、食物、衣服和被褥等），要想在公共卫生灾害发生后，充分保障物资储备的种类和数量，就需要从日常布置和预防做起。此外，合理的调度系统也需要不断完善和发展才能保障物资能够顺利及时地送达指定地点。因此，为有效地保证突发事件的应急救援力度，必须提前准备，并从日常做起。

3. 建立制度及政策保障以保证救援科学

应急物流容易受到疫情管控、交通管制等政策的影响。因此，只有政府和应急管理部门等多方主体的协同配合，加之有效的政策保障与法制保障，才能保证公共卫生灾害应急物流体系的顺利运作（戚建刚，2021）。目前，我国已经颁布的与应急物流相关的法律法规有《突发公共卫生事件应急条例》《中华人民共和国传染病防治法》《国家突发公共事件总体应急预案》《中华人民共和国突发事件应对法》《自然灾害救助条例》等。在疫情防控的非常态化情境下，为了保障应急物流的高效、及时、准确运行，需要建立完善的应急物流管理制度和体系，提高应急物流的科学性与有效性。

三、典型因素引发的突发公共卫生事件

（一）药品安全引发的突发公共卫生事件场景

1. 药品安全引发的突发公共卫生事件概述

我国对药品的生产、销售和使用已经有了非常严格的管理规定。但是，面对药品的高利润诱惑，仍然有不法分子尝试利用药品市场监管的漏洞，违规制药，兜售假冒伪劣或者尚未经过严格审查的药品。近年来，我国出现打着针对中老年人身体保健的噱头，以三无医药产品骗取中老年人高价购买的情况，中老年人在受骗的同时，他们的身体健康也受到了很大的危害。因药品安全而导致的突发公共卫生事件频繁发生，这对人民的健康和财产安全造成了严重威胁。

2. 药品安全引发的突发公共卫生事件应急管理分析

由药品安全引发的突发公共卫生事件具有群体特殊性、后果严重性、引发原因确定但危害不确定性等特点。因此，其应急管理物流体系需要重点解决以下三点。

（1）建立日常药品的安全监管和预警机制，以保证应急物流能够快速响应。

当前，由药品安全引发的突发公共卫生事件在应对上仍存在"监管难、预警难、处理难"的问题。各级药品监管部门和应急管理部门可从药品的监管机制和预警机制入手，建立"预防为主、全程监管、全线控制"的监督管理制度，高度重视并加快建立药品安全事件的快速响应体系。这就要求药品安全引发的公共卫生灾害的应急物流信息化管理建立并实施预警机制与防控制度，高度重视安全事故和舆情事

件，实时监测与预警、迅速响应与处置，以确保突发公共卫生事件的快速响应。

（2）完善应急物流信息化建设，保证应急物流的科学处置。

药品引发的公共卫生灾害的资源管理是其应急管理的关键，而医药物资的合理调度与高效使用则是应急物流的关键，需要有先进的信息系统和数字技术的有效支持和保障。以往药品安全引发的突发公共卫生事件处置结果表明，除了药品突发不良事件信息呈报系统不完善外，许多地区仍然存在药品监管机构信息管理系统的缺失和不完善等问题。需要适当借鉴国内外信息化和数字化程度高的监管部门及相应的应急物流管理部门的成功经验，建设药品安全检测系统和监测预警系统，完善药品实验、生产、流通的实时监控数据库，建立高效数字化指挥平台。

（3）加强物联网及检测设备投入，保证应急物资的准确配置。

各相关部门需要开发并利用先进的检测技术和手段进行药品安全事件的现场调查检测工作，以便为应急物资的配置提供有效、科学的决策依据。物联网设备与检测设备已成为药品信息收集的基本保障，因此关键在于加强对药品监管机构快速检测设备的投入，以及利用物联网、区块链和云计算等技术加强药品物流过程中运输信息的采集和传输。这样可以实现药品从生产到使用的全过程监管，确保药品安全。

（二）核辐射及其他放射性事故引发的公共卫生灾害场景

1. 核辐射及其他放射性事故引发的公共卫生灾害概述及特点

这类公共卫生灾害的主要原因包括：①危险源遗失；②危险源误

用（工业用或医疗用的）；③突发未知来源的照射与污染；④含有放射性有害物质的人造卫星再返回；⑤严重的过量物质照射（能导致严重的确定性效应）；⑥恶意的威胁活动；⑦运输上的紧急情况。

核辐射及其他放射性事故导致的公共卫生灾害发生时，应该第一时间进行应急处置，科学、准确地开展应急物流数字化建设，安全、及时地保证物资的配送与运输，以保障人民身心健康，维护社会的安全与稳定。

2. 核辐射及其他放射性事故引发的公共卫生灾害应急管理分析

（1）防辐射物和降低放射性的物资储备要充足。

与其他突发公共卫生安全事件相比，核辐射及其他放射性事故引发的突发公共卫生事件具有对公众身体健康危害更大，破坏力更强的特点，其还可能会造成远后效应，如诱发白血病、甲状腺癌、后代畸形等。同时，对于其影响地区可能也会产生远期影响，如对土地、空气等环境造成的危害也是难以逆转的。核辐射及其他放射性事故具有化学辐射危害的特点，其带来的危害比一般性疾病更为严重。

因此，该类事件对于相关应急物流体系及信息基础设施的建设要求更高，尤其是核辐射损伤救治能力、核辐射卫生应急监测防护等能力。因此，在这类事件的应急物资需求中，增加了对防辐射及相关防放射性物资的需求。在应急物流的配送过程中，配送者自身也要防止受到伤害，这就要求我们要加强日常对于核辐射及其他放射性事故的信息化基础设施建设，保证在关键时刻能及时、准确、安全地进行应急物流管理和实施。

（2）重点关注应急物流的信息沟通和公众心理健康。

由于核辐射具有无色、无味、不可视且难以捕捉和控制的特点，经历核辐射及其他放射性事故的公众，很容易产生恐慌心理，造成人们的心理创伤。并且，公众往往缺乏正确认知和了解，大多公众受到切尔诺贝利事故（苏联）及福岛事故（日本）等大型核事故的影响，对核辐射有强烈的恐惧心理，加上铺天盖地的关于核事故后果的滞后性和持续性的新闻报道，更加深了公众的核恐惧。

因此，政府在面对核辐射及其他放射性事故所引发的突发公共卫生事件的应急物流信息化基础建设中，更要注意其中的危机沟通和信息透明化、公开化。同时，要加强面向公众的核事故应急宣传教育，增强公众对于核辐射及其导致的健康危害的认识和了解，重视核事故导致的应激反应和心理问题，提高人们在核事故中的自救能力和互救能力。在核事故发生后，各级相关部门应该在第一时间就主动与相关的政府部门、公众、媒体等各方进行沟通，并及时公布有关事件的信息。

（三）食物或职业中毒事件引发的公共卫生灾害场景

1. 食物或职业中毒事件引发的公共卫生灾害概述

在食物中毒或者职业中毒而导致的公共卫生灾害中，由空气、水源、土壤、食物的污染造成的危害，往往会出现受危害人群数量众多的情况，属于严重危害及影响公众健康的突发公共卫生事件。一般来说，相较于其他的公共卫生灾害，由食物中毒或者职业中毒引发的公共卫生灾害往往具有发生突然、致死率高等特点，且其可能由于环境卫生造成，往往具有范围性，因此造成的危害十分严重。

重大食物或职业中毒事件引发的公共卫生灾害具有以下特点。

以食品中毒为主，每年的 3 月至 6 月和 9 月至 12 月为其高发期；

学校、社区、企业等是该类型突发公共卫生事件发生的主要场所；

环境卫生和食品卫生是影响其发生的突出原因。

重大食物或职业中毒事件引发的公共卫生灾害的发生原因如下。

患者体质原因，患病个体可能耐受力和抵抗力较低，且没有好的防护意识和卫生健康保护意识；

卫生防护措施欠缺，环境卫生及饮食场所卫生状况欠佳。

食物或职业中毒事件潜伏期和持续时间较短，一旦发生，则会带来十分严重的危害及后果，往往会对公众健康造成严重威胁。报告时间越早，事件持续时间越短，越可能为减少风险、降低危害带来积极作用。因此，应加强重大食物或职业中毒事件引发的公共卫生灾害的监测，早报告、早处置，以减少事件扩散范围和危害，同时需要注意中毒原因的排查、解毒药品的配送等。

2. 食物或职业中毒事件引发的公共卫生灾害应急管理分析

基于前文分析，在该类突发公共卫生事件中，应急管理过程和目标包括以下几点。

（1）环境质量的实时监测与有效预警。

通过整合各级疾病防治机构与疾病预防控制中心的卫生监督、监测情况，相关部门应对存在有毒有害等风险的相关建设项目或者相关环境场所进行充分的风险预评价和早期预警，并且要加强环境质量的实时监测与早期预警，提高突发公共卫生事件的应急物流响应速度。同时要对存在风险的地区、单位等进行及时整顿。

（2）中毒原因排查。

事件发生后，应急管理人员应迅速进入现场，快速收集与事件相关的关键信息，并对环境中的关键要素进行分析和报告。根据公共卫生灾害的危害情况进行危险评估，并依据危害范围、危险程度启动相应的应急预案。同时，展开流行病学调查，对中毒原因进行排查，加快对相关药品、用品的物流保障与运输，并对中毒人员进行及时救治。

（3）加强预防与日常宣传。

要有效预防和控制环境污染事件、食物或职业中毒的发生，做好零级预防。"零级预防"是指以政府为主体，多部门协同参与，共同对异常因素进行排查、监测预警，最大限度杜绝突发公共卫生事件的出现。要积极开展健康教育宣传工作，增强公众对于突发公共卫生事件的防范知识和卫生意识，敦促公民养成良好的卫生习惯，提高自我防病能力；同时还应加强对社会公共场所的卫生把控，改善卫生设施、环境及各级食堂等地方的卫生状况。

（四）新发传染病事件引发的公共卫生灾害场景

1. 新发传染病事件引发的公共卫生灾害概述

近几年来，随着战争、全球温度提升以及人为因素的作用，新发传染病事件显著增多，如非典疫情、禽流感、新冠疫情等，都给全世界带来了极大冲击。流行性病毒属于公共卫生灾害中的新发传染病类事件，该类事件是公共卫生灾害的主要类型之一，具有强传染性、高危害性、高不确定性等特点。并且，随着全球化的不断发展及交通的日益便利，此类事件在不同国家和地区之间的关联度大大提升，这也加剧了新发传染病的传播速度，以及灾害的覆盖范围，从之前的区域性公共卫生灾害演变成全球性的公共卫生灾害。新发传染病公共卫生灾害除了对人类的生命健康造成严重威胁，全球旅游业、餐饮业等服务业，以及零售业、交通运输业等行业也都遭受了极大的经济冲击。因此，新发传染病类的公共卫生灾害一直都是世界各国持续关注的问题。

新发传染病具有如下三个特点。其一，主导病原体为病毒且具有较强的变异性，传播途径相似。其二，传播速度快，流行区域广，人群易被感染，有些病毒会出现人畜的相互感染，这就大大增加了感染群体的数量及范围。其三，不确定性因素多，预防和治疗困难。从这几次典型的新发传染病来看，我们对病原的认识不足，对流行趋势难以判断及预测，因此在预防、诊治、治疗等方面存在较多的困难。

2. 流行性病毒事件引发的公共卫生灾害应急管理分析

（1）完善防控制度体系。

完善防控制度体系包括建立完善的监测网络，对疾病信息进行连续、系统地收集和分析，并基于数据来监测新发传染病的暴发，及时识别疫情并迅速实施预防控制策略。改善公共卫生基础设施，以实现人与自然和谐共处；重视饮水安全、食品卫生、环境卫生、媒介生物控制等问题，防患于未然。众所周知，食用野生动物（如蝙蝠、果子狸等）会促使一些病原体找到新的宿主，因此，需要保护自然环境及动物，从源头上阻止新发传染病的发生。同时，应加强人员培训和科学研究，完善法律法规，构建稳定、专业的传染病流行病学工作队伍并深入开展流行病学研究，如流行特点、传播规律、影响因素、病原快速鉴定诊断、疫苗等。加大依法防治的力度，为疾病的防治工作提供有效的法律保证。

（2）建立可信息联通的共享平台。

加强传染病的监测预警需要重点考虑以下三个方向。①传染病信息共享的刚性制度。颁布实施相关法律法规，打破部门内、部门间的信息壁垒，保障卫生健康系统内部有关传染病的信息共享，保障卫生健康、工信、公安、农业农村、生态环境、民政、教育、海关、交通运输、商务、市场监管、林业和草原等相关部门间有关传染病的信息共享。②数字化信息共享与自动预警平台。构建一个传染病及其影响因素的网络监测系统以进行全面监控；建立并持续改进一个能够在部门内部和跨部门之间自动发送或主动获取（通过智能爬虫技术）传染病信息的共享平台；维护一个能够常规激活、通过多种渠道发出预警信号的传染病智能预警系统。③建立专业的传染病监测与预警机构及团队。卫生健康部门需成立专责的传染病监测预警机构，承担日常监测和预警任务。此外，应组建一支规模适宜、稳定的专业队伍，负责常规的传染病监测与检测工作，并进行初步调查核实及综合分析。创建一个信息互联互通的共享平台，追踪灾害期间资金和物资的捐赠、流通、分配及使用情况，确保信息的透明度。该平台应统一标准化、数据共享，并实现信息互认，以便实施多点触发的多渠道预警、智能监测排查、可视化决策分析和应急响应等功能。

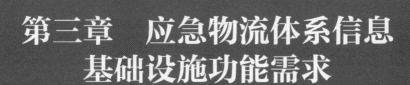

第三章 应急物流体系信息基础设施功能需求

本章旨在详细介绍应急物流体系信息基础设施的功能需求。明确建设的功能需求和边界对整个基础设施的成功建设和实施至关重要。通过明确这些需求，相关管理部门能够更有效地分配资源，组织各方力量进行建设工作。同时，这些功能需求也为未来对信息基础设施进行升级改造提供了有益参考。值得注意的是，信息基础设施的功能需求与整个应急物流体系的需求有密切联系，其各项功能都旨在为整个应急物流体系提供服务。因此，在本章中，我们将基于应急物流体系本身的需求进行相关分析。

第一节　快速响应

一、快速响应：基本需求

应急物流体系的核心任务是在最短时间内将所需物资迅速送达需求方。在紧急状态下，时间被视为生命。以新冠疫情为例，快速将防护服和口罩送达救治医疗点可以显著减缓医护人员的感染率；而在一小时内将呼吸机等救治设备送达病患可挽救众多生命。对于信息基础设施而言，在紧急状态发生时迅速处理、分析信息，可为资源调度、物流路径规划等提供迅速的决策支持，因此，快速响应是应急物流体系的基本需求。缺乏这一基本需求，就无法构建一个真正意义上的应急物流体系。

二、如何实现快速响应

实现应急物流的快速响应，需要做到以下两个方面。

第一，在灾情发生前，需要对应急物流的利益相关方进行梳理。这需要做好以下工作。及时更新联系信息，掌握各类物资生产商的名录和供应物资的品类；开展物资库存情况的摸底调查，排查物流和交通网络状态；提前分析不同时段的交通流模式，以及制定完善的灾备应急预案，并进行相关人员的培训。

第二，在灾情发生时，要及时启动应急预案，进行人员和部门的任务分配；启动物资采购和配送程序，并执行相应的优化措施；同时，启动对物流和交通网络的实时监控。

以上所有工作都得益于相应的信息系统的支持。因此，应急物流体系的信息基础设施需要具备高速的处理效率和智能化的规划与优化，以实现救灾响应在时间和空间上的效率提升。

第二节　多方协作

一、多方协作：应用需求

在紧急状态发生时，应急物流体系需要迅速协调多方进行资源整合与调度。很多时候，紧急状态的情形难以提前预测，这对协调能力提出了高度的要求，需要系统具备极大的灵活性和自适应性。协作模式并非一成不变，而是需要具备高度机动性。以物资的境外采购为例，涉及需求方、境外采购方、国际物流提供商、境内物流提供商、境内配送中心、结算服务提供商、海关、清关代理公司等多个参与方。具体实现环节可能涉及更多参与方，例如，当应急物资从境外进口时，标准可能与中国境内执行标准不符，这时就需要国家相关管理部门参与协调。多方协作是应急物流中来自各业务应用的天然需求，只有解决多方协作的效率问题，才能实现高质量的应急物流。

二、高效的多方协作的实现

高效的多方协作在于各参与方之间建立了一定的信任基础并分工明确，由一个统一的协调管理方进行全局统筹。信息传递机制应保持畅通，且在发生争端时，需要有各方都认可的解决机制。此外，各参与方对应急物流的目标也需要有基本共识。因此，应急物流的信息基础设施必须提供高效实时的多方通信平台，实现数字化的商务合同流转、签名和验证，同时确保数据的安全性和隐私性。此外，还要确保各参与方在权限允许的范围内能够获取物流过程中所需的必要信息，以助力各方的决策。

第三节 分层分级

一、分层分级：性能需求

高效的应急物流体系需要在系统性能和执行效率方面提出分层分级的需求。仅靠单个机构（如政府应急管理部门）进行应急物流的管理和协调将面临巨大的"瓶颈"。因此，需要将整体任务分解到下属层级进行管理。

二、分层分级的策略

为了更好地管控应急物流，采用分层分级的策略旨在将整体任务逐层分解为子任务，并由不同的承担方来完成。在制定这一策略时，需要考虑任务的维度和粒度。维度方面涉及应急物资的品类和特性，如医药物资与非医药物资、冷链物资与非冷链物资、敏感物资与非敏感物资等。而粒度方面则关乎任务的大小和地理范围。在进行分层分级划分时，应根据子任务承担方的实际情况合理选择维度和粒度。考虑的因素包括子任务承担方的人力、物力、优势、可达区域等。过少的维度和过大的粒度可能导致子任务承担方负担过重，而过多的维度和过小的粒度可能使子任务承担方的资源难以充分发挥。因此，在制定分层分级策略时需综合考虑各方面的因素，以实现更有效的应急物流管控。

第四节　智能决策

一、智能决策：时代需求

人类社会正迅速进入智能化时代，各国纷纷投入大量资源建设智慧国家和智能城市。人工智能的广泛应用，包括人脸识别、语音识别与交互、图形图像识别等领域都取得了显著进展。在这个背景下，应急物流体系的信息基础设施也不例外，智能决策的引入成为时代的必然需求。

以应急物流中的物资配送为例，涉及两个关键环节：应急物流中心的选择以及应急物流中最优路径的规划。在选择应急物流中心时，需要综合考虑对常态生产生活的影响、物流中心仓储能力的要求以及对灾情发生时需求的预测。如何找到最优的方案，确保物流中心位置的合理性，以及在灾情发生时物资配送能力不过载，以上问题就是一个典型的智能决策中的优化问题。

此外，对于物流中物资在交通网络上的输送，需要选择最优路径并进行规划。这类路径规划同样是典型的智能决策问题。综合而言，在智能化时代，应急物流体系信息基础设施的建设必须引入智能决策，这不仅是技术创新，同时也涉及模式的创新。

二、智能决策赋能高效的信息基础设施

智能决策的融入使应急物流体系信息基础设施在疫情防控中展现出更为灵活、高效和鲁棒性的特质。这种决策体系具备更加灵敏的反应速度，更有效的战略决策能力，以及更强的抗击不确定环境的鲁棒性。智能决策为应急物流体系信息基础设施的防灾、救灾和重建三个方面赋能。

在防灾环节，智能决策可通过实现应急物资供应情况的智能化管理、优化应急物流中心选址等方面发挥作用。这有助于提前做好资源准备工作，确保物资的迅速调度。

在救灾环节，智能决策参与应急物资采购方案和配送方案的优化，实现应急物流的分层分级策略和最优路径选择等，提高了救灾过

程中的决策效能。这包括了对复杂环境下的物流模式和路径规划进行智能优化。

在重建环节，智能决策的参与使复工复产物资供应得以智能调度，迅速实现生产的恢复。智能决策的引入，使应急物流体系的决策者能够在有限资源下更好地发挥价值，实现资源的优化配置和最大化的价值体现。

第五节　多目标优化

一、多目标优化：综合需求

应急物流的独特之处在于它需要在多个协作方之间平衡各种不同的紧急需求，而这些需求可能随时发生变化。因此，应急物流本质上是一个涉及多个利益相关方的复杂场景，是一个典型的多目标优化问题。举例来说，在应对从境外城市 A 向境内城市 B 运送防疫物资的任务中，我们期望整个运输过程的耗时尽可能短，费用尽可能低，并且涉及的参与方越少越好。这个任务涉及三个主要的优化目标：①时间；②费用；③参与方数量。然而，这只是一个简单的示例，实际的应急物流场景中可能涉及更多更复杂的决策因素，因此需要综合考虑多个优化目标。

在应急物流的现实情境中，多目标优化是不可避免的需求。因为不同的紧急情况需要满足不同的目标，而这些目标之间可能存在矛盾或权衡关系。多目标优化的目的是找到一套决策方案，使其在满足各种需求的同时，达到最优的整体效果。因此，多目标优化对于应急物流而言，既是一种实际需求，也是一个挑战。

二、没有最优解的优化

多目标优化的挑战确实在于不同目标之间的矛盾或不一致性，导致通常情况下无法找到同时满足所有目标的最优解。帕累托（Pareto）最优解的概念在这里非常贴切，强调了在多目标情境下，通过寻找无法在所有目标上都被其他解超越的次优解来进行决策。

以路径优化为例，最快路径与最少过路费路径可能并不一致，这种情况下，我们需要在这两个目标之间进行权衡。帕累托最优解的理念是通过找到一组解，使其在某个目标上的改进不会导致在其他目标上的恶化。这样的解被称为帕累托最优解。

在应急物流的实际场景中，多目标优化的实现可以通过权衡时间、成本、参与方数量等多个方面，找到在多个目标上达到平衡的解决方案。这有助于在资源有限的情况下，最大限度地满足各方需求，实现帕累托最优解。

第六节 支持复工复产

应急物流体系除了防灾，以及需要保障救灾期间各类物资输送的时效外，另外一个很重要的目标就是保障灾情过后的复工复产需求。复工复产所带来的挑战是多元化的，所需的物资输送的要求是多样化的，尤其是在数字化时代的大背景下，如何开展复工复产是应急物流体系信息基础设施要解决的重大课题。

在应对灾情后，应急物流体系除了关注防灾和保障救灾物资时效外，同样需要紧密关注灾后社会的复工复产需求。这一目标带来的挑战是多方面的，尤其在数字化时代的大背景下，应急物流体系信息基础设施面临更为繁复和高度数字化的任务。

首先，复工复产阶段的物资需求是多样化而庞大的。不同行业、不同类型的企业在复产时所需的物资差异较大，可能包括生产设备、原材料、办公用品等。应急物流体系需要通过信息基础设施准确把握各个行业和企业的需求，实现多样化物资的高效输送。

其次，数字化时代的复工复产涉及更广泛的信息化要求。企业可能需要进行数字化的供应链管理、生产过程监控、远程办公等，这些都需要有支持的数字化技术和设备。应急物流体系信息基础设施需确保这些数字化需求得到满足，为企业复工提供必要的信息技术支持。

再次，智能决策在复工复产时显得尤为重要。由于涉及复杂的供需关系、交通状况等多变因素，应急物流体系需要借助信息基础设施引入智能决策支持系统，提供更迅速、精准的决策，以优化物资调度、路径规划等关键环节。在数字化时代，供应链可视化也成为复工复产的必备条件。信息基础设施要实现对整个供应链的实时监控和管理，以便及时发现潜在问题、优化流程，确保物资的高效流通。

最后，弹性与可持续性也是数字化时代应急物流体系信息基础设施的关键课题。在面对未知的挑战和变数时，系统需要具备足够的弹性，以保持可持续运作，应对复工复产过程中可能出现的各种情况。总体而言，数字化时代的应急物流体系信息基础设施需要在多个方面提升其智能化水平，以更好地适应灾后社会的多元化复工复产需求，助力社会在最短时间内实现正常运转。

一、复工复产：民生需求

灾情过后或灾情期间，如何高效进行复工复产是决策者必须面对的紧要问题。经济和民生问题一直是每个国家、每个社会需要重点关注的核心议题，因其直接涉及人民的生产和生活。各类灾情不可避免地对城市、地区、国家甚至全球的生产生活造成深远影响，其短时间内的实施固然有助于灾情救治，特别是在突发公共卫生事件下，但封锁也带来了负面冲击：对经济和民生的巨大影响。

生产活动的减缓或停滞不仅是一些工厂的问题，它也会引发连锁反应，甚至可能导致较大规模的失业，这会进一步影响整个社会。因此，复工复产，尤其是在灾情逐渐趋缓时迅速恢复各类工作和生产活动，具有重要意义。一方面，这有利于尽快恢复原有的经济秩序，保障广大民众的就业；另一方面，这有助于为灾后的生产生活提供必要的物资保障，对于确保整个社会平稳运转、保障人民生活至关重要。物流在复工复产中发挥着关键的支持作用，以疫情为例，包括复工复产所需原材料物资和产品的配送、复工复产期间与抗击疫情相关的物资配送等方面都需要物流系统的协助。

二、数字化时代的复工复产

在数字化时代，如何高效地进行复工复产，特别是涉及的物流如何有序进行，成为一个重要而复杂的问题。复工复产的范围广泛，关系到广大企事业单位和个体经营者，需要详尽规划和有序执行。在这一背景下，信息基础设施发挥着重要作用。首先，对复工复产所涉及的各类机构及其物资原材料需求进行报备和采集，需要信息系统的支持。其次，根据智能化分析，制订优化的物资原材料采购计划。同时，可以根据不同行业和机构的轻重缓急智能调度复工复产的时序，采取分批分次的策略，以确保物资采购的顺畅。在复工复产过程中，可随时根据信息系统提供的实时态势灵活调整相关策略。最后，在物资的配送方面，同样可以利用信息技术进行物资配送点和路径的优化。此外，根据收集到的媒体新闻、社区资讯等数据，智能研判物流需求，进行建模和预测。整个流程都可以通过云端进行，最大限度降低复工复产单位的负担。可以说，在数字化时代，得益于信息技术的助力，复工复产在资源调度和效率方面更加得心应手。

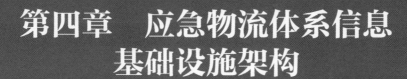

第四章　应急物流体系信息基础设施架构

　　本章主要介绍应急物流体系信息基础设施的架构。架构对于信息系统来说是重要的元素。应急物流体系信息基础设施的架构提供了对这个复杂的信息系统的分析渠道，为分析和设计高质量的信息基础设施提供了体系参考。

第一节　架构概览

　　我们参考网络通信中的网络协议栈，提出了应急物流体系信息基础设施架构。如图4－1所示，整个架构包含六大层：物理层、感知层、数据层、安全层、协作层、业务层。同时，基于应急物流体系的

图4－1　应急物流体系信息基础设施架构

特性，架构也需要有灵活性和鲁棒性，以适应紧急情况下的不确定性。

第二节　物理层

一、物理层功能描述

物理层是整个架构的最底层。物理层实现的是应急物流体系中的信息通路。信息的交换、流动及存储都是通过物理层实现的。应急物流体系中对于物资的位置变动尤为敏感，信息的流动是伴随着物资的流动的。因此，信息通路包含两类：一类是与信息的流动相关——物流与交通网络；另一类是与信息的交换和存储相关——通信网络。

二、物流与交通网络

这部分在第一章中的"物流与交通基础设施"部分中已经提过了，在此不做详细介绍。这里需要强调的是，应急物流体系对物流与交通网络有更深入的需求，需要充分掌握物流与交通网络的特性、实时的状态、负荷，以及对正常运输的影响。同时，应急物流体系在紧急状态下需要随时追踪物资的位置，以便更好地保证运输的时效性和相关应急处理。例如，急需的药品因为某些原因无法在规定的时间内从 A 地送达 B 地，这时就需要根据整个物流与交通网络的资源情况，及时从网络中选择后备线路及后备发货点。

三、通信网络

通信网络是应急物流体系信息基础设施的重要组成部分。通信网络实现的是应急物流体系中的信息传输。应急物流对于时效性的要求非常高，同时应急物流也涉及多个参与方，因此对于通信的要求非常高，通信网络的高速畅通对于紧急状态下应急物流的质量和效率有关键影响。

通信网络通常分为有线和无线两类，包括网络系统和相关的通信设施，以及定位系统等。以下简要介绍网络系统和定位系统中的若干主流及新兴技术。

（一）网络系统

1. Internet

Internet 相关技术是目前通信网络采用的主流技术，其基于严格的协议栈和大量丰富的应用，成为通信网络事实上的"霸主"。Internet 的骨干网络通常是有线的。全球很大部分人和绝大部分机构都具备了接入 Internet 的资源和能力。像应急物流这样涉及众多参与方的应用，其通信在大多数情况下还是通过 Internet 进行，究其原因是 Internet 接入的便捷性、普及性及成本优势。

2. 5G

5G 是新一代移动通信技术，5G 网络是数字信号蜂窝网络。在 5G 环境下，数据的传输速率大大提升。同时 5G 技术还拥有低能耗、低成本等优势。5G 网络中可以承载对带宽要求高的应用，如虚拟实景、高清视频、车联网等，可应用于应急物流中运载车辆之间的高速通信。

3. 卫星通信

卫星通信是无线通信的另一种方式，其主要是通过在太空部署通信卫星和卫星矩阵，在地面通过卫星信号接收器和中继站等实现通信。它在普通移动通信无法覆盖的区域有着广泛应用，如海事、登山、偏远地区等。

需要说明的是，应急物流可以使用公用的网络系统，根据实际需要也可以自建专门的网络系统，以保障紧急状态下通信线路的畅通和安全。

（二）定位系统

定位系统主要用于确定设备在全球的位置，与卫星通信等技术密不可分，在应急物流应用中发挥基础性作用。

1. GPS

GPS（全球定位系统）是由美国主导的中距离圆形轨道卫星导航系统，覆盖地球表面98%的区域，可以提供定位、测速、标准时间等服务。GPS分为民用和军用两类，其精度有所不同。GPS不受天气影响，在民用领域被广泛应用于车辆导航。

2. 北斗导航系统

北斗导航系统是由中国自主建设的新一代全球卫星导航系统。与GPS类似，提供定位、导航、标准时间等服务。服务种类分为开放服务和授权服务，任何拥有终端设备的用户都可免费使用开放服务，而授权用户又分为军用和民用两类。目前，北斗导航系统在中国得到较为广泛的应用，如农业、交通运输、减灾救灾等领域。

第三节　感知层

一、感知层功能描述

感知层主要解决的是对应急物流体系运转中的信息采集。信息的采集对于应急物流体系至关重要。信息采集有多个层次，包括微观层次、宏观层次。此外，感知层还要采集紧急事件的发展状态。

二、传感信息处理与物联网

在应急物流中，感知层的信息来源多样化、结构多样化、频率多样化，其传感机制涵盖了物联网、文本分析、视觉分析等多项技术。以下简要介绍若干重要的感知层功能。

（一）物流与交通网络状态的感知

物流与交通网络状态的感知对于应急物流体系非常重要，因为应急物流需要解决的一大挑战就是如何在复杂的物流与交通网络中寻找优化的运输方式和运输路线，使应急物资可以最快抵达需求方。物流与交通网络状态的感知包括：网络历史数据的采集和模式识别、网络实时状态（路况拥堵信息、天气信息等）的采集和模式识别、网络中相关物流配送中心的载荷情况等。感知的方式通常包括：交通器内定位系统、第三方数据源（如谷歌地图、百度地图等）、实时卫星图像、路网摄像网络、道路传感器等。这些实时异构的信息由感知层传感获取后，经进一步预处理和集成，作为后续各层分析和规划的依据。

（二）物资状态的感知

物资是应急物流中关键的输送对象，需要随时确保其物理安全性并确保其在正确的路线上。随时获取正确的物资状态也是决策优化的一个关键步骤。物资状态的感知包括：物资品类和数量追踪、物资所在位置追踪、物资当前质量状态（完好或损坏）的监测、异常运输模式识别。对于某些通过冷链物流方式运送的应急药品等，还需实时监测运输器内的温度。对物资状态的感知通常通过 RFID、定位系统、视频监控、温度传感器等进行。

（三）紧急状态整体态势的感知

紧急状态（灾情）整体态势的感知对于应急物流整体策略的制定和应急响应的部署非常关键。尽可能完全地获取紧急状态发展状况并预测发展态势，可以帮助应急物流决策者提前进行物资调拨的准备，规避可能的风险点。紧急状态整体态势的感知包括：受灾情影响的具体区域、受影响的人群及结构、灾情的危害程度、灾情对应急物资需求的情况、灾情进一步发展的态势预测等。对紧急状态整体态势的感知通常通过文本（新闻、社交媒体、政府公告）分析、线下调查、第三方数据分析、专家访谈等来进行。

三、高效的感知处理

高效的感知处理可以帮助决策者及时研判、快速决策，对于整个应急物流体系的效率有推动作用。可从以下几个方面提升感知处理的效率：①传感部件硬件的优化，如应用最新的传感器、采用高配置的视频采集设备、提升计算机的配置等；②优化感知信息采集和处理的软件和算法，如应用计算复杂度更低的视频分析算法、文本分析算法、卫星图像分析软件等。此外，高效的感知处理离不开高质量的系统集成。感知层融合了各类软硬件和异构数据，涉及多个系统，要想达到高效的感知处理，需要解决多个系统信息流通、聚合等集成问题。

第四节　数据层

一、数据层功能描述

数字化时代的应急物流离不开海量的数据，应急物流中的各项业务都是数据驱动的。数据层主要解决应急物流体系中各类数据的存储和处理（包括预处理、相关业务的处理等）。数据层通过软硬件的结合，提供可靠高效的数据存储，也为应急物流中的各项业务提供高速的数据处理。数据层在整个应急物流体系信息基础设施中起到了承上启下的作用。

二、数据为王

应急物流是一个复杂系统，其参与方的数量多，类型多样化，同时具备了很强的动态性及不确定性。这些特性意味着应急物流体系不可避免地会涉及海量的数据。同时，应急物流涉及的数据类型是多样化的、高度异构的。这些数据包括：物资品类相关的数据、物资采购相关的数据、物资仓储相关的数据、物流利益相关方数据、物流时序数据、地理信息与空间数据、紧急状态相关的文本数据。

如何能把这些数据处理好，充分挖掘和发挥这些数据的潜力，对于应急物流体系来说至关重要。数据为王，这一点在应急物流体系中体现得淋漓尽致。

本小节主要介绍数据存储、数据处理、数据可视化等。数据存储有三种方式：集中式、分布式、外包式。其中，集中式存储主要是由应急物流的管理者，如政府机构建立统一的数据中心，将数据部署在数据中心。分布式存储是将数据分散地存储在不同的利益相关方，在需要时通过多方通信与协作，进行数据处理。外包式存储是近些年兴起的，云服务就是一个典型的案例。应急物流的管理者可以通过与云服务提供商合作，将数据存储在云端。外包式存储的好处是，应急物流的各个参与方都不需要耗费太多的人力、物力在数据服务器与数据中心的维护上。数据存储除了解决数据存在哪的问题，还要解决怎么存的问题，这里面有一个非常关键的环节，就是数据索引。数据索引通常是在原始数据的基础上，通过一些预计算将原始数据的一些关键信息提取出来，作为索引，并将索引存储起来。这样，在查找数据时就可以根据索引信息很快定位到原始数据，节省了查找时间，提高了查找效率。常见的索引结构有 B－tree、R－tree 等，其中 R－tree 及其变体在空间数据中有着广泛应用。

数据处理包括了预处理以及业务相关的数据处理。预处理主要解决数据的清洗、数据的变换等，其目的是保障进一步数据处理的顺利进行。业务相关的数据处理则非常灵活，主要任务是根据业务需要对存储的数据进行查询、运算。在应急物流中，业务相关的数据处理包括：物流最短路径的计算、发货记录查询、物流成本的计算等。

数据可视化是通过视觉表现工具呈现数据的模式，帮助决策者更容易地分析数据中的规律。在应急物流中，数据可视化非常重要，在物资配送、物流与交通网络监测等方面可以发挥重要作用。

三、数据层的效率优化

数据层的效率优化是多级的，包括硬件升级、算法优化、使用云服务等。硬件升级是最直接的方式，使用配置和性能更高的计算机可以提升数据存储和数据处理的效率。算法优化具备一定的门槛，通常需要对数据处理的逻辑有非常深入的了解，在此基础上对其操作步骤进行优化，包括使用计算复杂度更低的算法，减少耗时较长的环节等。使用云服务是相对较为简单的方式，将数据处理等外包给云服务提供商，由云服务提供商在云端进行效率优化。

第五节　安全层

一、安全层功能描述

安全层主要解决应急物流体系中涉及的信息安全和隐私保护问题。应急物流涉及非常多的协作方，信息在多方之间共享。应急物流所处理的信息是海量、实时的，而且这些信息涉及不同层面，包括个人、机构、政府等，因此相关的安全和隐私成为一个重要的课题。安全层所提供的机制深入集成到应急物流中的各项流程，保障各项业务的顺利安全执行。

二、安全第一

本部分主要介绍应急物流体系信息基础设施中的一些安全机制，值得一提的是，随着近些年区块链技术的兴起，其集成了安全机制的很多功能，在区块链平台上可以较方便地实现相关安全机制。

（一）信息加密

信息加密技术一般可分为对称密钥和非对称密钥两种方式。对称密钥方式中，加密和解密用的是同一个密钥。非对称密钥方式中，加密和解密的密钥不同。对称密钥方式的缺点是密钥的管理和分发比较麻烦，因为任何人只要得到密钥就可以任意进行信息的查看，所以信息的发送方和接收方都需要做好密钥的保管工作。目前主要采用非对称密钥方式，密钥有公钥和私钥两种，加密和解密时使用不同的密钥。当发送方给接收方发送敏感信息时，发送方可以使用接收方的公钥进行加密，只有拥有正确私钥的接收方才可以解读该信息。与此相类似，发送方也可以使用私钥对信息进行加密，将公钥通过专门渠道发送给发送方认可的接收方。在应急物流中，当涉及一些关键交易时，可以使用加密的方法，保证信息不被无关的第三方获取。

（二）数字签名

数字签名机制可以确保信息的完整性和签名方的不可抵赖性。这在应急物流中是非常重要的。应急物流需要各参与方在最短时间内解决信任问题，互相配合进行物资的采购和配送，这就涉及大量的文件和合同。应用数字签名机制，各方不需要耗费时间当面签约，可以方便快捷地完成交易。

数字签名机制通常采用非对称密钥方式。交易的每一方都有一套各自的公钥和私钥，私钥只有自己知道，公钥公布给各参与方。在实际应用中，签名方首先对文件做一个哈希处理，得到一个文件的哈希摘要①。签名方对该哈希摘要使用自己的私钥进行加密，并把加密后的哈希摘要及原始文件发送给接收方。接收方在收到加密的哈希摘要后，使用发送方的公钥进行解密，得到哈希摘要（A），同时接收方对收到的原始文件进行同样的哈希处理，得到哈希摘要（B）。若 A 与 B 相同，则证明接收方得到的文件是从发送方发出的，签名方不可抵赖，而且文件在传送过程中没有被篡改，完整性得到保证。

（三）防火墙

防火墙技术用来实现计算机网络内部与外部的隔离，在控制外部非法入侵和黑客攻击等方面可以起到积极作用。应急物流中的很多环节都有政府部门的参与和主导，防火墙对于保障政务数据的安全性尤为重要。另外，参与方都有各自的内网，也都需要随时与外网互联，对防火墙有强烈的需求。

按照《信息系统安全的理论与实践研究》② 中的分类，防火墙技术按照工作原理可以分为网络层防火墙技术和应用层防火墙技术。另外，按照实现防火墙的硬件环境，可以分为基于路由器的防火墙和基

---

① 哈希摘要是一串随机数，比原始文件短，不同的文件经过哈希处理，得到的哈希摘要是唯一的。

② 韦鹏程，韦玉轩，邹晓兵. 信息系统安全的理论与实践研究 ［M］. 北京：电子科技大学出版社，2017.

于主机系统的防火墙。防火墙技术目前主要有包过滤技术、代理服务技术、状态检测技术、自适应代理技术。包过滤技术主要通过内建安全策略和过滤规则，对数据流的每个 IP 数据报的包头信息进行比较，依据过滤规则决定是否允许其通过。代理服务技术主要在应用层工作，与包过滤技术不同，可以针对具体应用制定过滤规则。状态检测技术监控每一个有效连接的状态，其结合了包过滤技术和代理服务技术的特点。自适应代理技术本质上属于代理服务技术，但其也结合了状态检测技术的优点。

（四）访问控制

应急物流的管理和监控是一个庞大工程，众多的利益相关方及各类临时参与方给整个系统的访问管理带来很大挑战。不同的访问者对信息系统中各类数据、各类功能的访问需要有不同的权限，一方面是基于信息保护的考虑，另一方面是基于系统安全性的考虑。

在访问控制技术发展初期，人们根据访问者的权限不同提出了自主访问控制和强制访问控制两类访问控制技术，但是随着信息系统复杂性越来越高，这种简单的权限划分已经不能满足应用的需要。因此，基于角色的访问控制技术开始兴起，成为广泛使用的访问控制技术。在基于角色的访问控制技术中，权限并不直接赋予访问者，而是赋予角色。近年来，随着信息技术的迅猛发展，信息系统呈现了高度动态性、海量性（用户数量和信息终端数量）和强隐私性[①]。在这个

---

① 房梁，殷丽华，郭云川，等. 基于属性的访问控制关键技术研究综述 [J]. 计算机学报，2017，40（7）：1680 – 1698.

大背景下，基于属性的访问控制开始迈上舞台。基于属性的访问控制是更为细化的控制策略，根据访问者的属性决定是否给予访问权限。属性可以根据应用的情况灵活定义，而且属性可以是多个维度的。

（五）隐私保护

隐私保护是安全机制中的重要环节，它对于应急物流体系而言也是非常重要的。应急物流涉及的参与方是众多的，信息的流动非常频繁。前文提到的信息加密方法可以用于隐私保护，但是信息加密只能解决信息不被发送方和接收方以外的第三方所看到，对于接收方而言，发送方的信息还是可见的。这对于很多应用来说是不可接受的。

为了确保完整的信息不被发送方以外的人所见，人们提出了信息的匿名化处理。信息的匿名化处理主要是将机密数据模糊化处理，使外界在模糊化后的数据上能够进行业务处理，但同时又无法识别出数据所关联的人或机构的身份。主流的匿名化处理技术有两类：k－匿名化，以及 l－多样化。数据的属性通常可分为三类：身份标识信息、准标识符（如邮编、年龄、性别等）、敏感属性（如疾病、购物偏好等）。其中，身份标识信息是需要被隐藏的。k－匿名化主要是按照数据的准标识符集构造一些虚假记录，使每一条记录所对应的准标识符组合都有至少 k 条记录拥有同样的组合。而 l－多样化则是在 k－匿名化的基础上，确保具备同样准标识符组合的记录包含至少 l 个不同的敏感属性值。

除了信息的匿名化处理技术，同态加密（Homomorphic Encryption）是目前开始流行的一种方法。这种方法的优势在于，可以直接在加密的数据上进行相关的查询和运算，不必经过解密，从而防止了数据泄露。同态加密目前所需的运算量比较大，同时能在加密数据上做的查询和运算也非常有限，但其前景非常好，值得关注。

第六节　协作层

一、协作层功能描述

协作层主要实现各参与方的协调及协同机制。信息基础设施需要保障基本的沟通平台，以及对参与方执行流程的监控和管理。

二、应急物流中的协作场景

应急物流中有各种各样的协作场景，可以说，应急物流离不开协作。一个有效的协作机制能够大大提升整个应急物流体系的效率。

（一）应急物资的境外采购

应急物资的境外采购涉及国内的需求方、境外的采购方、海关、清关公司、相关物资所在品类的主管部门、境外的物流提供商、国内的物流提供商，以及在整个过程中涉及的银行、外汇兑换等服务提供商。相关的信息基础设施应该能够提供通达各参与方的沟通平台和机制，提供不同语言转换及翻译支持、支持相关文件清单高效流转的机制等。

（二）应急物资的调度

应急物资的调度过程中需要协调各个物流中心。每个物流中心都有各自的仓储容量。相关的信息基础设施应该能够提供支持有效协调的沟通平台和机制，并在出现临时变动时，能够支持各物流中心迅速重新协调。

第七节　业务层

一、业务层功能描述

业务层是整个应急物流体系信息基础设施中的最高一层，涉及应急物流中具体的业务，包括物资采购、清关、配送等流程，以及利益相关方之间的关系协调等。业务层要解决的问题是在其他层的基础上如何通过信息系统实现具体业务的数字化。

二、应急物流中的具体业务

按照《物流学概论》中的阐述，应急管理体系中有三大任务：防灾、救灾、重建[①]。应急物流是应急管理的一部分，因此以上三大任务的划分对应急物流体系也是适用的。需要说明的是，防灾、救灾、重建这些概念是广义的，不仅适用于自然灾害，对于新冠疫情这样的突发公共卫生事件也同样适用。例如"重建"在突发公共卫生事件

---

① 王宇，文华. 物流学概论［M］. 成都：西南财经大学出版社，2009.

中，可以理解为复工复产，以及社会经济秩序的恢复。

（一） 防灾

对应急物流而言，防灾主要是对紧急状态发生时提前做好物流方面的准备。这包括制定应急预案，流程演练，应急物资供应情况的摸底，应急物资的预备与仓储，物流与交通网络的状态监测与日常维护，以及对于可能出现的灾情的预测。

（二） 救灾

救灾在应急物流中主要体现为：执行应急预案，短缺应急物资的梳理与采购，仓储点的选择，物资的运输与配送，对灾情的持续监测，各利益相关方之间的协调和协作等。

（三） 重建

重建的任务包括与复工复产相关的物资采购、仓储、运输和配送等。

三、信息基础设施对业务的支撑

信息基础设施对于应急物流业务的支撑是全方位的。在防灾、救灾、重建三大任务方面都能提供充分支持。

防灾方面包括应急预案的数字化、流程演练结果的分析与可视化、应急物资供应商相关数据的管理（包括供应商信息，可供应物资品类、价格、发货周期等）、应急物流中心的数字化管理、物流与交通网络状态信息采集与分析等。

救灾方面包括应急物流中心的智能化选择、应急物流中心的仓储优化、物资配送中的路径规划与优化，灾情的研判与新闻文本分析，相关信息的可视化等。

重建方面包括复工复产企业物资需求信息的管理、复工复产所需物资采购管理系统、相关物资的仓储方案优化、相关物资的配送方案优化、救灾过程的数字化复盘与分析等。

本章详细介绍了应急物流体系中信息基础设施的架构，并对架构作了自下向上的分析，这对于相关信息系统的开发可以提供参考。

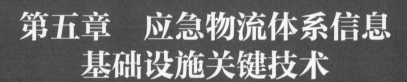

第五章　应急物流体系信息
基础设施关键技术

第一节　人工智能：探索未来的智慧世界

人工智能技术一直被誉为科技领域的杰出成就，其影响力不断扩大，正在重新塑造我们的世界。人工智能不仅为我们带来了智能化的应用，还对传统生产关系和创新方式产生了深远的影响，将成为未来社会智慧化和信息资产管理的关键支撑工具。在当前重新审视人工智能技术的时代，我们需要掌握人工智能的核心概念、原理、技术和应用，以便更好地利用人工智能技术应对未来突发事件和应急物流的挑战和机遇。正如互联网解决了全球信息联通的问题一样，人工智能技术正在重塑我们对数据、信息和决策的认知方式。

人工智能语言大模型是近年来引领技术潮流的一项颠覆性技术。它代表着自然语言处理领域的巨大飞跃，为人工智能赋予了前所未有的语言理解和生成能力。这些模型之所以备受瞩目，是因为它们的神奇之处在于可以模仿人类的语言智慧，不仅能够理解和回应问题，还可以生成高度自然化的内容。这些大模型的核心优势在于它们能够处理各种自然语言任务，如文本生成、翻译、问题回答、情感分析等，而且无须显式的规则或预定义的知识。它们是自我学习和不断进化的，通过大规模的数据训练，不断提升其语言理解和生成的能力。这使它们成为多个领域的重要工具，从自动化客服到内容生成，再到医疗诊断和科学研究。这些模型的理解、逻辑和生成能力也在逐步向多模态内容演进，包括图像、视频、程序设计等，这些都使应急物流场景中系统与人类的复杂性交互更加便捷和通畅成为可能，同时，也能帮助我们更快地梳理复杂对象之间隐藏的逻辑关系，比如仓储、车辆、各类视频等之间的动态调度关系或者观测的突发情况。

本章的目标是协助读者迅速掌握人工智能的"核心"背景和知识。为实现这一目标，我们将内容划分为三个主要部分，依次展开介绍。首先，我们将深入研究人工智能的发展历史、基本概念和核心原理，为读者构建坚实的知识基础。其次，我们将探讨人工智能的核心技术和系统，以揭示其内在运作机制。最后，我们将探讨人工智能的各种应用和实践，帮助读者了解如何将这一技术应用于不同领域。逐层展开的介绍方式将有助于读者更好地理解人工智能技术与方法，为其未来的研究和实践提供有力支持。

一、人工智能的基本概念和核心原理

1943 年，沃伦·麦卡洛克（Warren McCulloch）和沃尔特·皮茨（Walter Pitts）首次提出了人工神经网络的概念，奠定了深度学习的理论基础。随着计算机的发展，人工智能进入了实际应用的阶段。1956 年，达特茅斯会议标志着人工智能正式成为一个独立的学科领域。然而，在 20 世纪 60 年代末，人工智能研究陷入低谷，被认为是"人工智能寒冬"的时期。计算能力有限，算法复杂度高，使早期的人工智能模型无法应对实际问题。直到 20 世纪 80 年代，随着计算机性能的提升和新算法的涌现，人工智能迎来了新的发展时期。专家系统、决策树等符号主义方法和基于统计学习的方法重新受到关注，为人工智能的新一波发展奠定了基础。20 世纪 90 年代以后，随着大数据的崛起和计算能力的爆炸性增长，深度学习崭露头角，成为人工智能的核心。

21 世纪初，深度学习技术崛起，利用多层神经网络完成机器学习。这一时期，深度学习在图像和声音识别、自然语言处理等领域取得了重大突破。深度学习利用更为复杂的神经网络结构，通常需要大规模数据集和算力支持。2012 年，Google（谷歌）凭借深度学习在 ImageNet 图像识别大赛中取得重大进展，标志着深度学习的成功。2016 年，AlphaGo（阿尔法围棋）击败围棋世界冠军。AlphaGo 通过自我对弈训练，集成了两个深度神经网络，展现了深度学习在文化娱乐领域的影响。2017 年，Google 提出变换器 Transformer 架构，带来自然语言处理领域的重大突破。21 世纪 20 年代，大语言模型迎来加速发展，其中 LaMDA 模型基于变换器 Transformer 架构，取得显著成就。

最新阶段，GPT－4 的发布标志着人工智能领域的不断进步。GPT 模型的发展经历多个阶段，从 GPT－1 到 GPT－3.5，性能不断提升。BERT 模型为双向模型，而 GPT 模型摒弃这种做法，成为单向模型。GPT 模型的发展历史证明了深度学习的巨大潜力。2023 年 12 月，Google 最新发布的 Gemini 计划进一步推动大语言模型向多模态人工智能大模型发展。Gemini 开辟了一条人工智能领域前所未见的道路，可能会带来应用领域的重大新突破。

二、人工智能的核心技术与系统

（一）深度学习的核心技术

1. 深度学习的基本原理

深度学习的核心在于通过多层神经网络进行学习。这一技术的关键是深度神经网络的结构，其中包含输入层、多个隐藏层和输出层。每一层的神经元都与下一层的所有神经元相连，形成前后全连通的网络结构。深度学习通过前向传播和反向传播两个过程进行训练，不断优化网络参数，使其适应特定任务。

2. 深度学习的模型

在深度学习中，常见的模型包括卷积神经网络（CNN）、循环神经网络（RNN）和变换器模型（Transformer），这些模型在不同领域展现出卓越的性能并获得广泛应用。

（1）卷积神经网络（CNN）。主要用于图像处理，该网络通过卷积操作提取图像特征。在计算机视觉领域取得了巨大成功，如人脸识别、物体检测等。

（2）循环神经网络（RNN）。适用于处理序列数据，它能够捕捉数据中的时序信息。在自然语言处理、语音识别等领域有广泛应用。

（3）变换器模型（Transformer）。由于其自注意力机制和更适合并行化处理文本数据，成为自然语言处理领域的新宠。GPT（生成式预训练变换）模型就是基于 Transformer 架构构建的。

3. 大数据和知识图谱

深度学习对大数据的依赖不断增强。大规模的数据集可以提供丰富的样本，帮助模型更好地学习特征和规律；知识图谱可以构建语义关系，提升数据相关性。在图像、语音、文本等领域，深度学习通过处理大规模数据集、依赖多模态数据之间的知识图谱，实现了前所未有的性能。

（二）人工智能系统的设计与架构

1. 设计原则与架构思想

人工智能系统的设计需要遵循一些基本原则。首先，系统应具备灵活性，能够适应不同的任务和环境。其次，系统应具备可扩展性，能够处理大规模数据和复杂任务。最后，系统应具备可解释性，使决策过程更为透明和可理解。

架构思想上，人工智能系统通常分为数据层、算法层和应用层。数据层负责数据的采集、存储和处理，算法层包括深度学习模型的构建和训练，应用层将算法应用于具体的任务。

2. 人工智能硬件

随着深度学习模型的复杂化，人工智能硬件的发展成为推动人工智能系统性能提升的关键。图形处理单元（GPU）、可编程阵列逻辑（FPGA）和专用集成电路（ASIC）等硬件加速器能够显著提高深度学习任务的运算速度，加快模型训练和推理过程。

（1）人工智能在不同领域的系统实践。

在医疗领域，人工智能被广泛应用于影像诊断、基因组学分析、药物研发等方面。深度学习模型通过学习大量医学图像，能够准确诊断肿瘤、疾病等病变，为医生提供重要辅助。金融领域运用人工智能进行风险管理、信用评估、交易预测等。机器学习模型能够分析海量交易数据，及时发现异常交易行为，降低金融欺诈风险。同时，人工智能还能够根据市场趋势进行预测，帮助投资者制定决策。在制造业中，人工智能的应用涵盖了生产流程的各个环节。自动化生产线通过机器学习优化生产计划，提高生产效率。机器人系统通过视觉识别和学习实现智能操作，完成精细加工和装配任务。人工智能在教育领域的应用包括个性化学习、智能辅导、智能评估等。通过分析学生的学习行为和表现，系统能够为每名学生提供定制化的学习路径，提高学习效果。

（2）人工智能的伦理与社会影响。

人工智能技术的突破和广泛应用引发了一系列伦理挑战。隐私保护、算法歧视、安全风险等问题亟待解决。制定合适的伦理准则，确保人工智能的公正和透明成为当前研究和实践中的重要议题。目前，全球已有数十个国家制定和实施了人工智能治理政策，推动世界范围内人工智能领域的规则秩序形成。

另外，人工智能技术的普及对社会产生了深远影响。第一，人工智能提高了生产力和效率，创造了新的就业机会；第二，自动化和智能化可能导致某些传统行业的就业减少，需要社会结构和政策的调整以适应这一变化。

三、人工智能在应急物流中的应用

（一）医药物流应用

在突发公共卫生事件中，医药物流显得尤为关键。人工智能在医药物流中的应用，可以提高物资运输的效率和准确性，如以下三个方面的应用。

（1）智能调度与路径规划。人工智能可以通过实时数据分析和交通状况预测，优化医药物资的配送路径。智能调度系统能够根据不同区域的需求和紧急程度，动态调整物流车辆的行进路线，确保急需物资迅速送达。

（2）货物追踪与监测。利用物联网技术，结合传感器在运输车辆和物资包裹上的应用，可以实现对医药物资的实时追踪和监测。这有助于保障物资的安全性，避免物资丢失或损坏。

（3）预测性维护。人工智能系统可以通过监测运输工具的状态和数据，预测可能的故障情况，实施预测性维护。这有助于避免在关键时刻由于车辆故障而延误医药物资的到达。

（二）供应链金融应用

应急物流中，供应链的资金流动也是至关重要的一环。人工智能在供应链金融中的应用，提升了金融服务的效率和风险控制能力。

（1）风险评估与信用控制。借助大数据和人工智能算法，供应链金融平台可以更准确地评估各参与方的信用风险。通过对历史数据和实时交易信息的分析，系统可以及时发现潜在的金融风险，并采取相应的措施，确保资金流动的安全性。

（2）资金流动预测。通过对市场和经济数据的实时分析，人工智能可以帮助金融机构更准确地预测资金流动的趋势。这有助于提前做好资金调度和风险防范，确保供应链中各方的正常运转。

（三）制造业物流应用

在应急物流中，制造业物流的迅速响应和高效协同是应急物资供应的重要保障。人工智能在制造业物流中的应用，可以提高生产效率和资源利用率。

（1）智能仓储管理。利用人工智能技术，可以实现对仓库内物资的智能管理。应用物联网传感器、无人机等技术，应急物流实现了对仓库内物资的实时监测、定位和管理，提高了仓库的作业效率。

（2）供应链协同与透明化。人工智能系统可以实现制造业物流中不同环节的信息共享和协同。通过智能算法的支持，各个制造环节可以更好地协同工作，实现物资从生产到分发的高效衔接，提高供应链的透明度。

（3）智能生产调度。在应急情况下，生产调度的灵活性对于迅速响应市场需求至关重要。人工智能系统通过对市场需求的实时分析和生产线数据的监测，可以实现智能化的生产调度，更好地满足应急物资的生产需求。

（四）应急物流教育应用

在应急物流教育应用中，人工智能的应用不仅可以提高物资的准确分发，还能够支持在线教育的实施。

（1）人工智能教育平台。在应急情况下，线上教育成为一个重要的教育手段。人工智能教育平台可以通过对学生学习情况的分析，实现对教育资源的智能分配，提供个性化的学习内容和服务。

（2）教育资源与物流信息共享。人工智能系统可以实现教育物资需求信息的实时共享。通过在线平台，学校和相关教育机构可以及时了解其物资的需求和库存情况，实现更好的物资调配和共享。

（五）实践效果与面临挑战

人工智能在应急物流中的多领域应用取得了显著实践效果。通过智能调度、实时监测和信息共享，物资运输更为迅速高效，各个环节更加协同，提高了应急物资的供应速度。

尽管人工智能在应急物流中取得了一系列的创新应用，但仍然面临一些挑战。首先，数据隐私和安全问题需要得到更好的解决，尤其是涉及医疗和个人信息的物流环节。其次，不同地区和行业之间的标准化问题也需要进一步研究，以确保人工智能系统在跨领域应用时的兼容性和协同性。最后，技术成本和培训成本也是普及人工智能在应急物流中的一个考虑因素。

第二节 时空大数据：解锁时空信息的宝库

时空大数据技术如同一盏明灯，为我们照亮了时空的奥秘。时空大数据技术正在崭露头角，成为 21 世纪科学、工程和政策制定的中流砥柱，为解决复杂的时空问题和实现智能化决策提供了崭新的途径。时空大数据技术的魅力在于它们的多功能性。这些技术能够处理多维时空数据，包括卫星图像、传感器网络、移动设备等。时空大数据技术赋能科学家、工程师和政策制定者更好地理解我们所处的时空环境，使他们能够制定更明智的战略和决策。应急物流体系的信息化基础设施可以看作在复杂的时空网络中，管理具备时间和空间属性的需求和物资，寻求在特定时间点对应的网络中供需动态平衡或者最大化效益。

时空大数据技术不断自我迭代和演化。它们依赖大规模数据和先进算法，不断提高其时空数据的利用效率。这使它们能够广泛应用于城市规划、环境监测、交通管理、资源分配等多个领域。同时，它们也为商业和创新带来了新机遇，帮助企业和研究机构更好地挖掘时空数据，提高竞争力，发现新商机。总而言之，时空大数据技术代表着信息时代的进步，尤其是随着时间和空间信息的采集呈更加简单和准确的发展趋势，例如，智能手机、物联网设备、低空经济和卫星技术的发展、新型半导体和芯片的诞生等，其应用潜力无限，这将继续推动时空信息的研究和应用，为科学和工程的进步提供重要支持。这些技术不仅揭示了宇宙的时空秘密，还为解决时空问题和实现智能决策提供了新的视角，为时空信息的未来开启了崭新篇章。

一、时空大数据的基本概念和核心原理

时空大数据是一种涉及时序和地理位置信息的庞大数据集，其中包含了时间和空间的关联性。这种数据形式的兴起，源于社会、科技和商业领域对于更全面、更深刻理解事件、现象和趋势的需求。时空大数据的处理和分析涉及多个领域，包括地理信息系统（GIS）、数据挖掘、机器学习等，是推动智慧城市、交通管理、气象预测等应用的关键。

（一）时空大数据的基本概念

时空大数据是指在地理空间上和时间轴上发生的、被记录和存储的各种信息的庞大集合。这些信息大多来自传感器、社交媒体、移动设备，包括但不限于位置数据、时间序列数据、人口统计数据等。

时空大数据具有多样性、实时性、空间关联性和不确定性等特征。多样性指数据的来源和类型多样，实时性表示数据是根据事件发生时间即时生成，空间关联性说明数据与地理位置相关，不确定性则表明数据可能受到各种因素的干扰和变化。

（二）时空大数据的核心原理

时空大数据的核心原理是通过采集和整合具有时序和地理位置信息的大规模数据，实现对事件、现象和趋势的全面、深入理解。这包括传感器、卫星遥感、社交媒体等多渠道数据的获取，以及对这些数据进行高效存储、处理和分析的技术手段。时空大数据的核心在于将时间和空间的因素纳入综合考虑，通过对这些数据进行建模、挖掘，揭示出时空关联性，为各领域的科研、管理和决策提供有力支持。核心原理的实现依赖于先进的数据采集、存储、处理技术，以及对时空关系的深刻认识和分析方法的不断创新。

基于时空大数据的模型应用包括交通流预测、城市规划、疫情传播预测等。机器学习、深度学习等算法在模型应用中发挥关键作用。

（1）交通流预测。利用时空大数据进行交通流量、拥堵状况的预测，优化交通流动。

（2）城市规划。基于时空大数据，进行城市用地规划、基础设施建设规划等。

（3）疫情传播预测。利用时空大数据分析疫情传播路径、速度，提供决策支持。

二、时空大数据的核心技术和系统

时空大数据的兴起和发展使我们能够更全面、深入地理解事件和现象，推动了社会、科技和商业的发展。为了处理和分析这些庞大的时空数据集，涌现出了一系列核心技术和系统。时空大数据的核心技术包括数据采集技术、数据存储技术、数据处理技术与空间分析技术。

（一）时空大数据的核心技术

1. 数据采集技术

时空大数据的核心在于数据的获取，其中，数据采集是首要环节。传感器技术、卫星遥感技术、社交媒体数据抓取等手段用于获取涵盖时间和空间的信息。

（1）传感器技术。传感器是时空大数据的主要来源之一。各类传感器，如气象传感器、交通流传感器等，通过感知环境中的各类信息，实现对时空大数据的实时采集。

（2）卫星遥感技术。卫星遥感技术是以卫星为平台，通过传感器获取地球表面的信息，包括地表温度、植被覆盖、地形等。这些数据对于地理信息的提取和分析至关重要。

（3）社交媒体数据抓取。利用网络爬虫等技术，收集包括位置标签、时间戳等信息的网络和社交媒体数据。

2. 数据存储

时空大数据的存储需要满足高容量、高性能、高可扩展性的要求。分布式存储系统如 Hadoop Distributed File System（HDFS，基于分布式文件系统）、Spark 等常用于存储和管理时空大数据。其中，HDFS 可处理大规模数据，并通过 MapReduce 进行分布式计算。Spark 提供高性能的数据处理能力，支持数据流式处理和批量处理，适用于时空大数据的复杂计算。另一个常用的时空大数据存储系统是时空数据库。针对时空数据的特点，时空数据库采用了多维索引结构，支持时空查询和分析。PostGIS、Oracle Spatial 等是常见的时空数据库。

3. 数据处理技术

时空大数据的处理涉及数据清洗、预处理、特征提取等环节，同时需要结合机器学习、深度学习等技术进行模型训练和预测。

（1）数据清洗和预处理。时空大数据中常常包含噪声和异常值，因此需要进行数据清洗和预处理，以提高数据质量。这包括去除异常值、插值处理等。

（2）时空数据建模。时空大数据的建模涉及对时空关系的建模，可以利用时序分析、空间统计分析等方法。

（3）机器学习和深度学习。机器学习和深度学习技术可以用于时空大数据的模式识别和预测。例如，通过深度学习网络进行交通流量的预测。

4. 空间分析技术

空间分析是时空大数据的关键环节，通过 GIS 技术、空间统计、空间数据管理等方法，空间分析能够揭示时空数据的分布、关联和变化规律。

（1）GIS。GIS 是一种专门用于处理地理信息的系统，其通过将时空数据映射到地图上，实现了对地理信息的可视化和分析。

（2）空间统计分析。使用统计学方法研究时空大数据的空间分布规律，如克里格插值、空间自相关等。

（3）空间数据管理。利用时空大数据的内在数据特征和属性，索引和建模数据，从而实现数据的高性能管理和分析。

（二）时空大数据的系统架构

基于上述分析，我们可以绘制出时空大数据系统架构图（见

图 5 - 1）。各个模块和系统之间相互协调、相互依存，并形成系统的反馈，以优化整体系统的性能。

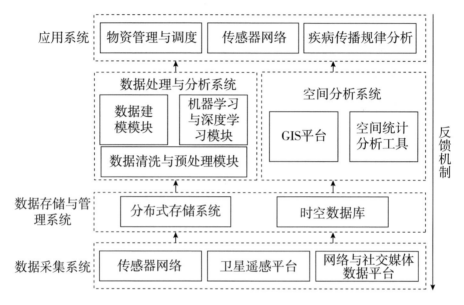

图 5 - 1　时空大数据系统架构

数据采集系统：时空大数据的系统架构中，数据采集系统是起始环节。这一系统主要包括传感器网络、卫星遥感平台、网络与社交媒体数据平台等。传感器网络负责实时感知环境信息，卫星遥感平台通过卫星获取大范围地理信息，网络与社交媒体数据平台用于抓取包含地理位置和时间戳等信息的社交媒体数据。

数据存储与管理系统：数据存储与管理系统是时空大数据处理的关键环节，其核心是分布式存储系统和时空数据库。分布式存储系统负责存储时空大数据，时空数据库则提供高效的时空查询和分析功能。

数据处理与分析系统：数据处理与分析系统包括数据清洗与预处理模块、数据建模模块、机器学习与深度学习模块等。这些模块协同工作，完成对时空大数据的有效处理和分析。

空间分析系统：空间分析系统主要包括 GIS 平台和空间统计分析工具。GIS 平台通过地图可视化展示时空大数据，提供用户友好的交互界面。空间统计分析工具则提供了对时空大数据进行统计学分析的能力。

应用系统：应用系统是时空大数据的最终输出，其应用领域广泛，包括物资管理与调度、传感器网络和疾病传播规律分析等。这些应用系统通过时空大数据的支持，提升了相关领域的管理和决策水平。

三、时空大数据在应急物流中的应用

时空大数据作为信息时代和数字化设备发展的产物，正逐渐深刻地影响着各个领域，应急物流是其应用领域之一。应急物流对于突发事件（如自然灾害、公共卫生事件等）的响应速度和效率至关重要，而时空大数据的应用为应急物流提供了新的解决方案。

（一）实时监控与追踪

时空大数据的关键应用之一是实时监控与追踪。通过传感器、卫星数据和 GIS 等技术，时空大数据能够实时获取物流运输车辆、货物的位置信息。这种实时监控不仅可以帮助物流企业掌握整体运输状况，还能在紧急情况下提供迅速的应对措施。例如，在灾害发生时，通过时空大数据实时监控物资运送进度，物流企业可以及时调整运输路径，保障物资的快速到达。

（二）库存与资源管理

在库存与资源管理方面，时空大数据可以实时监测库存水平、分析需求趋势和评估供应链风险，帮助企业及时作出决策。在应急物流中，物资的库存管理至关重要。借助时空大数据的支持，企业可以更准确地预测需求，避免库存过剩或不足的情况，实现应急物资的精准供给。

（三）灾害预测与风险评估

时空大数据在灾害预测与风险评估方面的应用为应急物流提供了前所未有的预知能力。通过整合气象、地质、人口流动等多维度数据，时空大数据可以进行灾害风险评估，并提前预测可能发生的灾害。在灾害来临前，物流企业可以采取相应措施，如提前储备物资、调整运输计划，从而降低灾害对物流系统的冲击。

（四）空间网络对象查询和推荐

时空大数据可用来描述真实物理世界中的物体或对象，通过它们的空间信息来建立物体或对象的空间分布，并赋予每个物体或对象的其他属性，如文字描述、图片和影像信息等，再根据应急物流中的具体需求推荐最近且最符合某种或某些属性的物体或对象。

第三节　新一代通信技术：
连接未来的数字基座

新一代通信技术正日益改变应急物流管理的面貌，为应对紧急情况和危机提供了前所未有的数字化解决方案。这些技术的崭新特性，如 5G、物联网、卫星通信和人工智能，正在推动应急物流管理迈向更加高效、响应更加迅速的未来。

5G 技术是新一代通信技术的核心之一，它提供了极高的数据传输速度和低延迟，使其在危机情况下能够更快、更稳定地传输大量数据。这对于监控和决策支持至关重要，尤其是在自然灾害、紧急医疗情况或其他危急事件中。物联网技术将传感器和设备连接到互联网，实时监测物流链路的各个环节。这使应急物流管理可以更精准地追踪货物、车辆和库存，提高了可见性，有助于快速作出决策。边缘计算将计算能力推向距离数据源更近的地方，从而减少延迟和提高响应速度。这对于实时应用如智能城市、智能工厂和智能家居至关重要。卫星通信技术为应急物流提供了全球范围的覆盖，无论地理位置如何，都能够保持通信连通性。这对于国际救援和跨境应急物流至关重要。UWB（Ultra – Wideband）技术是一种无线通信技术，它使用极宽的频带传输数据，实现高精度的定位、距离测量和快速数据传输。

本部分将探讨新一代通信技术如何改变我们的日常生活、工作和社交方式，从更快的下载速度到智能家居、智能城市和全球连接的未来。我们将研究这些技术的关键特性、应用案例和对未来的影响，以便读者更好地理解这一数字化时代的通信革命。

一、新一代通信技术的基本概念和核心原理

新一代通信技术是指在移动通信领域不断演进的技术，通常包括第五代移动通信技术（5G）及其未来可能的进化。这些技术在提供更高带宽、更低时延、更大连接密度和更广覆盖范围的同时，也引入了许多创新的技术原理。以下是对新一代通信技术的基本概念和核心

原理的详细探讨，以便更好地理解这一领域的发展。

（一）新一代信息技术的基本概念和关键特性

新一代通信技术的基本概念包括对传统通信技术的升级和创新，以满足不断增长的通信需求。

（1）更高的数据传输速率。新一代通信技术旨在提供更高的数据传输速率，以满足用户对大带宽应用的需求，如高清视频、虚拟现实和云计算。

（2）更低的时延。降低通信时延对许多应用至关重要，特别是对于实时通信、远程手术和自动驾驶等对时延敏感的场景。

（3）更大的连接密度。随着物联网的不断发展，新一代通信技术需要支持更多设备的同时连接，实现大规模的物联网部署。

（4）更广泛的覆盖范围。新一代通信技术应该能够提供更广泛的网络覆盖，包括城市、乡村和边缘区域，以满足全球通信需求。

（二）核心原理

新一代通信技术的核心原理涉及多个方面的创新技术，以下是一些重要的核心原理。

（1）毫米波通信。利用毫米波频段进行通信是提高数据传输速率的一项关键原理。毫米波具有更高的频率，能够提供更大的带宽，但在传播过程中受到较强的大气吸收和穿透能力较差的限制。

（2）多输入多输出（MIMO）。MIMO 技术通过使用多根天线进行数据传输和接收，以提高网络的吞吐量和连接密度。这项技术使系统能够同时处理多个数据流，提高通信效率。

（3）波束赋形技术。通过动态调整天线的辐射模式，波束赋形技术可以将信号聚焦在特定方向，提高通信的定向性和覆盖范围。

（4）网络切片。网络切片是指将网络划分为多个独立的逻辑网络，以满足不同应用场景的需求。每个切片都有自己的网络架构、资源分配和服务质量保障。

（5）新型频谱利用技术。包括太赫兹通信技术、可见光通信技术等。

二、新一代通信技术的核心技术与关键特性

新一代通信技术涵盖了多个领域，以下介绍新一代通信技术的核心技术。

5G 作为新一代通信技术的核心之一，具有提供高速数据传输和低延迟的特点，尤其在危机情况下能够快速、稳定地传输大量数据。这对于监控和决策支持至关重要，特别是在自然灾害、紧急医疗情况或其他危急事件中。具体的特征包括以下几个方面，例如，5G 实现了比前一代通信技术更高的数据传输速率，为用户提供更快的上网体验；5G 降低了通信时延，使实时应用（如虚拟现实、远程医疗等）得以实现；5G 支持更多设备同时连接，适用于物联网等大规模连接的场景；5G 实现了更可靠的通信连接，保证了通信的稳定性。5G 的关键技术覆盖面广泛，以下对无线网络技术和通信技术中的核心部分进行简要介绍，包括无线网络技术中的超密集异构网络、自组织网络和内容分发网络，以及通信方式中的 D2D 通信和M2M 通信。需要注意的是，具体应用涉及的技术会随着场景的变化而有较大变化。

（1）超密集异构网络（Ultra – Dense Heterogeneous Networks，UDHN）。5G 中的超密集异构网络是一种网络架构，通过在同一区域内部署大量的小型基站（如微蜂窝、室内基站等），以提高网络容量和覆盖范围。主要作用：通过增加基站密度，提高了网络的连接性和数据传输速率，同时增强了网络的容量和覆盖性。

（2）自组织网络（Self – Organizing Networks，SON）。自组织网络是一种具备自我配置、自我优化和自我修复能力的网络，能够根据网络状态和需求进行动态调整。主要作用：提高了网络的效率和性能，减少了对人工干预的需求，降低成本，使网络能够更好地适应不断变化的环境。

（3）内容分发网络（Content Delivery Network，CDN）。CDN 是一种分布式网络架构，通过在多个地理位置部署服务器，将内容更快速地分发给最终用户。主要作用：提高了内容的传输效率，降低了网络拥塞风险，同时提升了用户体验。

（4）D2D 通信（Device – to – Device Communication）。D2D 通信允许直接相邻设备之间进行通信，而无须通过基站进行中继。主要作用：提高了通信效率，降低了网络延迟，同时减轻了基站负担，适用于点对点通信、本地共享等场景。

（5）M2M 通信（Machine – to – Machine Communication）。M2M 通信是设备之间通过网络进行直接通信，实现信息的传输和共享。主要作用：支持物联网应用，使设备能够自动交互、共享数据，适用于智能城市、工业自动化等领域。

卫星通信技术提供了全球范围的覆盖，对于国际救援和跨境应急物流至关重要。例如，卫星通信技术能够提供全球范围的通信服务，无视地理位置的限制；卫星通信技术避免了地面基站之间的信号中断，保证了通信的稳定性；卫星通信技术能够覆盖广大区域，特别适用于偏远地区和海洋。

UWB 技术是一种无线通信技术，通过使用极宽的频带传输数据，实现高精度的定位、距离测量和快速数据传输。这为应急物流提供了更高的精度和效率。例如，UWB 技术能够实现亚米级别的高精度定位，适用于需要高度准确位置信息的场景；UWB 技术通过使用极宽的频带传输数据，实现了高速率的数据传输；UWB 技术在传输高速数据的同时能够保持较低的功耗。

总体而言，新一代通信技术通过整合这些核心技术，推动了通信领域的飞速发展，为人们的生活和工作提供了更便捷、高效、可靠的通信服务。

三、新一代通信技术在应急物流中的应用

新一代通信技术的发展为应急物流管理带来了创新和提升。本书将探讨新一代通信技术在应急物流中的具体应用。

（一）室内、室外全场景实时监控与响应

5G 以其高速数据传输和低时延的特性，使应急物流中的货物、车辆等能够进行实时监控。在灾害发生时，通过 5G，物流管理人员可以实时获取物流链路各个节点的信息，迅速响应并做出决策。例如，在自然灾害中，我们可以通过 5G 实时监控货物位置、受灾区域情况，迅速规划运输路径，提高运输效率。

卫星通信技术可以提供全球范围的通信覆盖，无论地理位置如

何，都能够保持通信连通性。在应急物流中，这就确保了国际救援和跨境物流的通信畅通。例如，在跨国疫情防控中，卫星通信能够连接不同国家的物流系统，实现信息共享和协同。

UWB 技术在应急物流中可用于高精度货物和车辆定位，包括室内和高层建筑内的货物等，这对于在紧急情况下快速定位和调度资源至关重要。例如，在医药物资运输中，通过 UWB 技术可以实现对物资位置的高精度监控，确保及时送达。

（二）物流无人化

5G 为物流行业引入了更多自动化和智能化的可能性。在应急物流中，无人机、自动驾驶车辆等智能设备能够通过 5G 进行实时通信，实现更高效的物流运输。在紧急救援场景中，无人机可以通过 5G 传输实时图像，为灾区提供准确信息，指导救援行动。

物联网连接的设备能够协同作业，实现更高效的物流流程。在应急情况下，无人机、传感器等设备可以协同工作，快速勘察受灾区域，提供详细的地理信息，有助于救援决策。

卫星通信不受地理和基础设施限制，可以作为应急通信的灵活手段。在自然灾害等情况下，地面基础设施可能受到影响，而卫星通信能够提供可靠的通信渠道。例如，在遭受地震或洪水等灾害时，卫星通信能够为受灾区提供紧急通信支持。

UWB 通过使用极宽的频带传输数据，实现了高速率的数据传输。在应急物流中，这有助于快速共享大量信息。例如，在突发事件中，需要迅速传输大量医药物资的信息，UWB 技术能够提供高效的数据传输通道，助力无人化物流的实现。

新一代通信技术在应急物流中的广泛应用，为物流行业带来了全新的管理模式。通过5G技术的实时监控、物联网技术的设备协同作业、边缘计算技术的降低时延、卫星通信技术的全球范围通信、UWB技术的高精度定位和快速数据传输，应急物流得以更加智能、高效、安全地应对各种突发情况。在未来，随着通信技术的不断创新，应急物流管理将迎来更大的发展空间。

第四节　边缘计算和物联网技术：引导万物智能发展

边缘计算和物联网技术已经成为数字化时代的两大关键驱动力，它们在连接、智能化和优化物联网设备方面发挥着关键作用。本节将深入研究这两项技术如何共同推动着万物互联的未来。

边缘计算是一项新兴的计算范式，它将计算资源推向数据生成的源头，减少了数据传输的延迟，实现了"近数计算"，从而提高了响应速度。这对于实时应用和互动性非常关键。边缘计算使智能设备能够更快速地处理数据，从而在设备本地实现更多的决策。这对于自动驾驶汽车、智能工厂和智能家居等领域尤为重要。物联网技术连接了世界各地的设备，将传感器、设备和系统互相联系起来，形成一个庞大的网络。这些设备可以收集和共享数据，实现更高效、更智能的操作。物联网已经渗透到各个领域，包括智能城市、健康护理、农业、工业自动化等。它不仅提高了生产效率，还改善了生活质量。

边缘计算和物联网技术的结合是未来的趋势。边缘计算提供了处理数据的本地能力，而物联网连接了大量设备，这两者相互补充。边缘计算可以使物联网设备更智能，更快速地作出决策，同时减轻了云服务器的负担。这种融合有望进一步推动智能城市、工业4.0、智能交通等领域的发展。

一、边缘计算和物联网技术的基本概念、关键特性和优势

边缘计算和物联网技术作为当今信息技术领域的两大重要支柱，正在深刻地改变着我们对数据处理和互联的理解。这两者相辅相成，为实现更智能、高效的信息社会提供了强大的支持。下面将探讨边缘计算和物联网技术的关键特性和优势，以全面了解它们在当前科技发展中的地位和潜力。

（一）边缘计算

在数字化时代，随着网络数据量呈爆炸式增长，保证运算效率并降低延迟成为完善数据服务的迫切需求。传统的云计算技术，即数据从设备传输至云端进行计算，再返回至设备，这一过程所占用的资源已无法满足当前对计算及传输效率的要求。在这一背景下，边缘计算崭露头角。

边缘计算是一种分布式计算范例，将计算和数据存储更靠近终端或数据源头，缩短了响应时间并减少了带宽消耗。在实时业务、数据优化和应用智能等方面，边缘计算得到了广泛应用。该技术使许多计算分析可以在边缘端完成，无须传输至云端进行计算，从而减轻了数据传输的负担，对提高服务效率具有重要意义。

边缘计算最初应用于传媒领域，起源于20世纪90年代后期创建

的内容交付网络。这种网络用于在靠近用户的边缘服务器中托管网页和视频内容。随着时间的推移，边缘计算逐渐演变为在边缘服务器上托管应用程序和应用程序组件的服务，形成了第一个商业边缘计算服务。现代边缘计算通过虚拟化技术扩展了这一方法，使边缘服务器上的程序部署和运行更加简单。

边缘计算将云端的计算能力下沉到网络边缘，使源数据设备与边缘设备之间的交互数据无须上传至云端，因此边缘计算在以下几个方面具有重要优势。首先，边缘计算提高了数据服务的安全性。因其通过减少数据在网络传输过程中的需求，降低了数据泄露的风险。其次，边缘计算降低了交互延迟。因为它更靠近数据源，本地完成了许多计算需求。这对于物联网应用等大数据量场景减轻了云服务平台的压力。最后，边缘计算降低了数据传输带宽成本。因其通过减少边缘端与云端之间的数据交换，提高了运算效率。

以下从时延、带宽、数据隐私和可靠性四个方面概述了边缘计算的特性。

（1）边缘计算的一大关键特性是低时延。边缘计算通过将计算任务推向数据产生的地方，减少了数据在传输过程中的时延，使实时性要求较高的应用得以更好满足，如工业自动化、智能交通等。

（2）边缘计算系统通常具备高带宽的特性，能够支持大规模数据的传输和处理。这使它在处理大规模传感器数据、高清视频等场景下表现出色。

（3）由于边缘计算将计算任务局部化，很多数据可以在本地进行处理，无须上传至云端，从而增加了数据的隐私性和安全性，符合一些隐私敏感型应用的需求。

（4）边缘计算系统通常具备较高的可靠性，即使在网络不稳定或中断的情况下，仍能保持对关键任务的持续支持。这使它在一些对可靠性要求较高的场景下具备优势。

以上特性使边缘计算相比其他技术在分布式数据管理的场景中，在时效和成本等方面具备优势。

（1）实时性。边缘计算能够实现更接近实时的数据处理和决策，适用于对实时性要求较高的应用场景，如工业生产、智能交通等。

（2）低成本。通过在本地进行数据处理，边缘计算减少了对网络带宽的需求，降低了数据传输的成本，特别是在大规模传感器部署的情况下更为明显。另外，由于边缘计算避免了大量数据传输到云端，降低了对中心化云服务器的依赖，有助于减少数据中心的能耗，符合可持续发展的理念。

（3）灵活性。边缘计算适用于分布式环境，可以灵活应对分散在不同地理位置的数据源和计算资源，提高了整个系统的灵活性和可扩展性。

（二）物联网技术

物联网是一种通过互联网连接各种物体，实现物与物之间信息交互的技术体系。它通过嵌入感知设备、通信设备和数据处理单元，实现了对现实世界的数字化监控和控制。

物联网的关键特性之一是通过各种传感器实现对物体的感知与识别，包括但不限于温度、湿度、位置、运动等信息，这使信息系统可以通过物联网感知某个环境的具体情况和各类信息参数。

物联网技术允许用户远程监控和控制连接的物体。因此，在不同地理位置的设备可以相互协同工作，不需要人力去现场控制各类设备，提高了管理的便利性。

物联网系统通常具备自组织网络化的能力，即在设备之间形成自动的网络连接，设备只要符合特定的网络协议，便可以轻松实现网络化管理，不需要人工干预。这增加了系统的稳定性和灵活性。

物联网通过各类通信技术实现设备间的数据互通，这使不同厂商、不同类型的设备能够协同工作，实现更高层次的信息整合和智能化应用。

以上特性使物联网技术相比其他技术在感知能力、效率和用户体验等方面具备优势。

（1）感知能力。物联网通过实时感知和数据分析，使物体能够做出更加智能化的决策。这在工业生产、城市管理等领域有着广泛应用。

（2）效率和精细化管理。物联网技术可以实现设备之间的协同工作，提高工作效率。在制造业中，物联网可以实现设备的自动调度和协同生产，降低了生产成本。通过对物体进行实时监控，物联网可以实现对物体的精细化管理，包括生产过程、供应链、物流等方面。这有助于提高资源利用率和管理水平。

（3）用户体验。物联网技术可以实现对用户行为和需求的实时感知，为用户提供个性化、精准化的服务，从而增强用户体验。

边缘计算和物联网技术各自具备独特的关键特性和优势，它们的结合使用更能够发挥出彼此的长处。边缘计算通过将计算能力推向数据源，实现了低时延、高带宽、数据隐私和可靠性等特性，而物联网通过实现感知、监控、网络化和连通等特性，为各种设备和物体的连接提供了基础。两者结合，可以为各行业带来更智能、高效、安全的解决方案，推动数字化转型的不断深入。在未来的发展中，随着技术的不断创新，边缘计算和物联网技术的应用前景将更加广阔。

二、边缘计算和物联网的关键技术

（一）边缘计算的关键技术

边缘计算的关键技术方向涉及多个方面，主要目标是在离数据源更近的地方提供高效的计算、存储和网络服务。以下是边缘计算的一些关键技术方向。

（1）边缘节点技术。边缘计算的关键在于边缘节点的部署，这需要设计小型化、低功耗、高性能的边缘设备。硬件方向的创新包括边缘服务器、边缘网关、传感器等设备的设计和优化。

（2）边缘智能处理。引入人工智能（AI）和机器学习（ML）技术，使边缘设备能够智能地处理数据，实现更高层次的分析和决策。这有助于在边缘进行实时的、智能的数据处理。

（3）边缘计算架构。边缘计算需要设计合理的系统架构，以便协调和管理分布在边缘的计算资源。架构方向的创新包括多层次的边缘节点、云边协同的模式等，以确保边缘计算系统的高效运行。

（4）边缘安全。由于边缘计算涉及分布式的计算和存储，边缘安全成为一个重要的技术方向，包括边缘设备的身份验证、数据加密、访问控制等安全机制的设计。

（5）边缘数据管理。针对大量的边缘数据，需要设计有效的数据管理策略，包括数据采集、存储、传输和清理等环节的优化。

（二）物联网的关键技术

物联网（Internet of Things，IoT）的关键技术方向和系统包括多个方面，涉及感知层、平台层等多个维度。以下是物联网的一些关键技术和系统方向。

1. 感知层技术

（1）传感器技术：设计和制造各类传感器，包括温度传感器、湿度传感器、光敏传感器等，用于采集环境数据。

（2）嵌入式系统：针对物联网设备，设计低功耗、小型化的嵌入式系统，使其能够嵌入各种物体中。

2. 通信层技术

（1）物联网通信协议：定义物联网设备之间的通信协议，包括MQTT、CoAP、AMQP 等，以确保设备之间的有效通信。

（2）射频识别技术（RFID）：利用 RFID 实现对物体的唯一标识和追踪，广泛应用于供应链管理等领域。

3. 网络层技术

（1）低功耗广域网（LPWAN）：针对物联网设备长距离、低功耗的通信需求，提供 LPWAN 技术，如 LoRa、NB－IoT。

（2）边缘计算：在网络边缘部署计算资源，实现更低时延、更高效的数据处理。

4. 平台层技术

（1）物联网云平台：提供设备管理、数据存储、分析和可视化等服务，如 AWS IoT、Azure IoT、物联网 OneNet 等。

（2）边缘计算平台：集成边缘计算能力，使物联网设备可以在边缘进行数据处理，减少对云的依赖。

5. 安全和隐私技术

（1）身份认证和授权：确保物联网设备的身份可信，防止未经授权的访问。

（2）加密技术：采用各种加密手段，确保物联网数据在传输和存储过程中的安全性。

（3）隐私保护：制定隐私政策和机制，保护用户隐私。

这些关键技术和系统方向共同构成了物联网的基础架构，推动着物联网技术的不断创新和发展。

三、边缘计算与物联网技术在应急物流中的应用

边缘计算和物联网技术的不断创新为应急物流提供了强有力的支撑，使应急物流管理变得更加精准、高效和可靠。

（一）实时监控与智能调度

面对突发状况，如地震、洪水等，物流车辆需要及时调度，确保物资快速抵达受灾区域，但传统的调度方法难以实现对车辆的实时监控和智能调度。

在物流车辆上部署物联网设备，可实时监测车辆的位置、状态、运输情况等信息。同时，利用边缘计算节点在车辆上进行数据处理，分析车辆当前所处的交通状况、道路情况，结合灾区实时需求数据，进行智能调度。这样可以实现对物流车队的实时监控，并通过边缘计算实时优化调度方案，提高物资运送效率。

（二）智能库存与智能补货

在应急情况下，库存管理的准确性和及时性对应急物流至关重要。传统的库存管理系统难以满足对大规模库存的实时监控和智能补货。在仓库货架上安装物联网传感器，可实时监测货物的存放情况和数量。这些传感器通过边缘计算节点将实时数据上传到云端，库存管理系统通过分析这些数据，可实现对库存的实时监控和预测。当某一商品库存低于设定值时，系统自动发出补货指令，通过边缘计算节点进行智能调度，选择最优的补货路径，提高补货效率，确保库存充足。

（三）冷链管理

在疫情期间，医药物资和生鲜食品等需要在一定的温度条件下运输，传统的监控手段无法满足对温度、湿度等环境因素的及时监控和调控。

在冷链车辆、集装箱等运输工具上安装物联网传感器，可实时监测温度、湿度等环境参数。这些传感器将数据传输到边缘计算节点进行实时分析，一旦发现温湿度波动过大或超过安全范围，系统将立即发出警报。物流管理人员可以通过手机或电脑远程监控，并通过边缘计算及时调整运输条件，确保货物的质量和安全。

（四）智能交通管理

在应急物流中，物流车辆需要迅速抵达目的地，但道路交通情况复杂，难以保障车辆的畅通。

在交叉口、主干道等关键位置安装物联网摄像头和传感器，就可以实时监测交通流量、车辆行驶速度等信息。边缘计算节点对这些数据进行实时分析，优化信号灯控制方案，调整道路流向，确保物流车辆畅通无阻。同时，物流车辆上搭载的物联网设备可以与交通管理系统实现实时通信，根据交通情况调整最优路径，提高物流配送的效率。

边缘计算和物联网技术在应急物流中得到了广泛应用，它的实时监控、智能调度、远程管理等手段使物流系统更加智能、高效、可靠。这些解决方案不仅提高了应急物流的响应速度，也增强了对各个环节的管理能力，为灾害和紧急情况下的物流保障提供了有力支持。在未来的发展中，随着边缘计算和物联网技术的不断创新，它们在应急物流领域的应用前景将更加广阔。

第五节　区块链系统与平台：
重塑未来的信任基石

区块链技术自问世以来，一直备受关注，被誉为 21 世纪伟大的技术革新之一。它不仅被认为将颠覆互联网，更是一项创新的体系，将改变传统的生产关系，提高生产力，成为未来网络信息和数据资产交换的关键基础设施。区块链的如"超人"般的多面能力众多，然而，其核心的原因在于它成功解决了因信用而产生的"摩擦成本"。

在当今重新认识应急物流管理的背景下，我们迫切需要理解区块链如何应对应急物流体系中的信任问题，特别是跨越地域、跨越机构、跨越系统的信任问题。这一领域的改革对我们的社会和经济结构具有深远影响。因此，理解区块链的价值不仅有助于我们把握这一历史性机遇，还有助于更好地理解其核心概念、原理、技术和应用。

供应链管理作为应急物流的主要组成部分，在全球区块链应用排行中位居第一，这不仅凸显了物流管理的广泛应用和重要性，还凸显了物流管理中存在复杂的多方关系和交易，以及信任鸿沟的问题。同时，它也为优化、降低成本提供了巨大机遇。区块链并非一种"魔术"解决方案。通过本章的介绍和解析，我们可以了解到它是如何恰当融合和组合运用一些现有技术，来解决组织、个体或机器之间的信任问题，以及在各种实践和场景中解决特定的产业难题。随着技术的不断发展，区块链仍然有着巨大的增长空间，将来会吸纳更多的能力，创造更多的机遇和场景，为应急物流管理乃至整个互联网领域提供更强有力的支持。

本章的目标是帮助读者快速掌握区块链的"核心"认知。为此，我们将内容分为三个主要部分来介绍。首先，我们将探讨区块链的历史、基本概念和核心原理，为读者建立坚实的基础。其次，我们将深入研究区块链的核心技术和系统，以揭示其内在机制和运作方式。最后，我们将探讨区块链的各种应用和实践，帮助读者了解如何将这一技术应用于不同领域。逐层展开的介绍方式将有助于读者更好地理解区块链技术与方法，为未来的研究和实践提供有力的支持。

一、区块链基本理念

（一）区块链的概念及特点

区块链（Blockchain）是一系列现有成熟技术的有机组合，它对账本进行分布式的有效记录，并且提供完善的脚本以支持不同的业务逻辑。在典型的区块链系统中，数据以区块（block）为单位产生和存储，并按照时间顺序连成链式（chain）数据结构。所有节点共同参与区块链系统的数据验证、存储和维护。新区块的创建通常需得到全网多数（数量取决于不同的共识机制）节点的确认，并向各节点广播实现全网同步，之后不能更改或删除。从外部来看，区块链系统应具备如下特征。

（1）多方写入，共同维护。此处的多方仅指记账参与方，不包含使用区块链的客户端。区块链的记账参与方应当由多个利益不完全一致的实体组成，并且在不同的记账周期内，由不同的参与方主导发起记账（轮换方式取决于不同的共识机制），而其他的参与方将对主导方发起的记账信息进行共同验证。

（2）账本公开。区块链系统记录的账本应处于所有参与者被允许访问的状态，为了验证区块链记录的信息的有效性，记账参与者必须有能力访问信息内容和账本历史。但是账本公开指的是可访问性的公开，并不代表信息本身的公开。因此，业界期望将很多隐私保护方面的技术，如零知识证明、同态加密、门限加密等，应用到区块链领域，以解决通过密文操作就能验证信息有效性的问题。

（3）去中心化。区块链不依赖于单一信任中心的系统，在处理仅涉及链内封闭系统中的数据时，区块链本身能够创造参与者之间的信任。但是在某些情况下，如身份管理等场景，不可避免地会引入外部数据，并且这些数据需要可信第三方的信任背书。此时，对于不同类型的数据，其信任应来源于不同的可信第三方，而不是依赖于单一的信任中心。在这种情况下，区块链本身不创造信任，而是作为信任的载体。

（4）不可篡改性。作为区块链最为显著的特征，不可篡改性是区块链系统的必要条件，而不是充分条件，有很多基于硬件的技术同样可以实现数据一次写入，多次读取且无法篡改，典型的例子如一次性刻录光盘（CD－R）。区块链的不可篡改性基于密码学的散列算法，以及多方的共同维护。但是，区块链的不可篡改并不是严格意义上的，称之为难以篡改更为合适。

（二）区块链的价值

基于区块链技术的特点，依托数据的可信防止篡改的优势，实现数据在流转中的真实性。这为应急物流提供了可靠的信息保障。区块链的价值体现在以下几个方面。

（1）区块链与物联网的结合实现了数据采集即上链，避免人为干预，保障了上链数据的真实有效。其应用于应急物流在物品整理，物品运输中；物品的唯一 ID 使应急物流中货物从哪里来，到哪里去，分配给谁，一目了然，不会导致应急物品的散乱和无序。

（2）利用区块链技术可以保障应急物流车辆信息与市政通道的信息打通，保障应急物流通道的快速且便利，保障应急物流的通畅。原有的系统存在信息的相互隔离，担心信息的滥用，而通过区块链进行一事一密、一事一策的方式，有效地保障了信息的安全，加速了信息的互通。

（3）区块链技术打通了应急物流的前中后端的信息，实现了应急物流的空天地一体的信息共享，保障了应急物流从物品分配、运输、转运、途径到交付等的全盘展示。

（三）区块链基础技术

1. 分布式账本

分布式账本技术（Distributed Ledger Technology，DLT）本质上是一种可以在多个网络节点、多个物理地址或者多个组织构成的网络中进行数据分享、同步和复制的去中心化数据存储技术。相较于传统的分布式存储系统，分布式账本技术主要具备两种不同的特征。

（1）分布式账本往往基于一定的共识规则，采用多方决策、共同维护的方式进行数据的存储、复制等操作。面对互联网数据的爆炸性增长，当前由单一中心组织构建数据管理系统的方式正受到更多的挑战，服务方不得不持续追加投资构建大型数据中心，这不仅带来了计算、网络、存储等各种庞大资源池效率的问题，不断推升的系统规模和复杂度也带来了更加严峻的可靠性问题。分布式账本技术去中心化的数据维护策略可以有效减少系统臃肿的负担。在某些应用场景，甚至可以有效利用互联网中大量零散节点所沉淀的庞大资源池。

（2）分布式账本中任何一方的节点都各自拥有独立的、完整的数据存储，各节点之间彼此互不干涉、权限等同，通过相互之间的周期性或事件驱动的共识达成数据存储的最终一致性。经过几十年的发展，传统业务体系中的高度中心化数据管理系统在数据可信、网络安全方面的短板已经日益受到人们的关注。普通用户无法确定自己的数据是否被服务商窃取或篡改，在受到黑客攻击或产生安全泄露时更加显得无能为力。为了应对这些问题，人们不断增加额外的管理机制或技术，这种情况进一步提高了传统业务系统的维护成本、降低了商业行为的运行效率。分布式账本技术可以在根本上大幅改善这一现象，由于各个节点均各自维护了一套完整的数据副本，任意单一节点或少数集群对数据的修改，均无法对全局大多数副本造成影响。换句话说，无论是服务提供商在无授权情况下的蓄意修改，还是网络黑客的恶意攻击，均需要同时影响分布式账本集群中的大部分节点，才能实现对已有数据的篡改，否则系统中的剩余节点将很快发现并追溯到系统中的恶意行为，这显然大大提升了业务系统中数据的可信度和安全保证。这两种特有的系统特征，使分布式账本技术成为一种非常底层的、对现有业务系统具有强大颠覆性的革命性创新。

2. 共识机制

区块链是一个历史可追溯、不可篡改，解决多方互信问题的分布式（去单一中介的）系统。分布式系统必然会面临一致性问题，而解决一致性问题的过程我们称为共识。分布式系统共识的达成需要依赖可靠的共识算法。共识算法通常解决的是分布式系统中由哪个节点发起提案，以及其他节点如何就这个提案达成一致的问题。

我们根据传统分布式系统与区块链系统间的区别，将共识算法分为可信节点（节点可代表一个信息源，如一个业务单元等）间的共识算法与不可信节点间的共识算法。前者已经被深入研究，并且在现在流行的分布式系统中广泛应用。共识在区块链中通过软件算法来实现，全球在区块链方面的共识算法就有十几种之多。像我们熟知的共识算法：PBFT（Practical Byzantine Fault Tolerance）及其变种算法为代表的适用于联盟链或私有链的共识算法，其优势就是性能高的特点；而对于面向2C的PoW（Proof of Work）和PoS（Proof of Stake）算法则突出了简便性和面向个人的适用性。总而言之，不同的共识算法依据使用的环境和目标进行选择，而对于应急物流这样对效率、时间要求高的场景，通常选择 PBFT、Rust 等高效能的算法，以保障应急物流一致性的快速达成。

3. 智能合约

智能合约（Smart contract）是一种旨在以信息化方式传播、验证或执行合同的计算机协议。智能合约允许在没有第三方的情况下进行可信交易。这些交易可追踪且不可逆转。其目的是提供优于传统合同方法的安全，并减少与合同相关的其他交易成本。智能合约概念可追溯到 20 世纪 90 年代，由计算机科学家、法学家及密码学家尼克·萨博（Nick Szabo）首次提出。他对智能合约的定义如下："一个智能合约是一套以数字形式定义的承诺，包括合约参与方可以在上面执行这些承诺的协议。"尼克·萨博等研究学者希望能够借助密码学及其他数字安全机制，将传统的合约条款的制定与履行方式，置于计算机技术之下，降低相关成本。然而，由于当时许多技术尚未成熟，缺乏能够支持可编程合约的数字化系统和技术，尼克·萨博关于智能合约的工作理论迟迟没有实现。随着区块链技术的出现与成熟，智能合约作为区块链及未来互联网合约的重要研究方向，得以快速发展。基于区块链的智能合约包括事件处理和保存的机制，以及一个完备的状态机，用于接收和处理各种智能合约，数据的状态处理在合约中完成。事件信息传入智能合约后，触发智能合约进行状态判断。如果自动状态机中某个或某几个动作的触发条件满足，则由状态机自动执行。因此，智能合约作为一种计算机技术，不仅能够有效地对信息进行处理，而且能够保证合约双方在不引入第三方权威机构的条件下，强制履行合约，避免了违约行为的出现。

随着智能合约在区块链技术中的广泛应用，智能合约的优点已被越来越多的研究人员与技术人员认可。总体来讲，智能合约具备以下优点。

（1）合约制定的高时效性。智能合约的制定，不必依赖第三方权威机构或中心化代理机构的参与，只需合约各方通过计算机技术手段，将共同约定条款转化为自动化、数字化的约定协议，大大减少了协议制定的中间环节，提高了协议制定的效率。

（2）合约维护的低成本性。智能合约在实现过程中以计算机程序为载体，一旦部署成功后，由计算机系统按照合约中的约定监督、执行，极大地降低了人为监督与执行的成本。

（3）合约执行的高准确性。智能合约的执行过程中，利益各方均无法干预合约的具体执行，计算机系统能够确保合约正确执行，有效提高了合约的执行准确性。虽然智能合约较传统合约具有明显的优点，但对智能合约的深入研究与应用仍在不断探索中，我们不能忽略这种新兴技术潜在的风险。

4. 密码技术

信息安全及密码学技术，是整个信息技术的基石。在区块链中，也大量使用了现代信息安全和密码学的技术成果，主要包括哈希算法、对称加密、非对称加密、数字签名、数字证书、同态加密、零知识证明等。

二、区块链的技术架构及关键技术方向

（一）区块链的技术架构

目前 BaaS（Blockchain as a Service，区块链即服务）最流行的模

式是区块链云服务,狭义上也把 BaaS 称作区块链云服务。BaaS 作为一种云服务,是区块链设施的云端租用平台,其多租户特性让计算资源、平台资源、软件资源得到了最大限度共享。BaaS 提供节点租用、链租用及工具租用的能力,其中,工具包括开发工具、部署工具、监控工具等,并通过大容量的资源池,保障租户的业务规模可灵活伸缩,租用设施可共享和独享,安全可靠运行,此外还提供必要的技术支持服务。BaaS 的具体能力包括区块链节点及整链搭建的能力、区块链应用开发的能力、区块链应用部署的能力、区块链运行监控和管理的能力。区块链整体架构如图 5-2 所示,分为四层:基础设施层、基础 BaaS 层、区块链基础服务层、行业应用场景层。

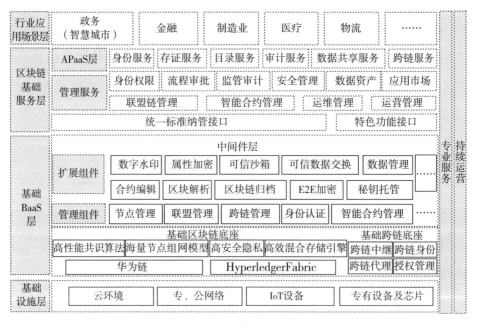

图 5-2 区块链整体架构

注:内容摘自华为云区块链服务白皮书。

(1)基础设施层。通过云环境、IoT 设备、专有或者公有网络上提供必要的计算资源、存储资源、网络资源等基础设施支撑。为系统提供扩展存储、高速网络、安全芯片及按需弹性伸缩和故障自动恢复的节点等资源。

（2）基础 BaaS 层。基础 BaaS 层是在基础区块链底座和基础跨链底座的基础上封装了中间件服务为上层应用提供必要的底层服务及扩展的能力。

（3）区块链基础服务层。区块链基础服务发挥区块链融合云计算的技术优势，为区块链开发提供便捷、高性能的区块链系统和基础设施服务，便于政府、企业和开发人员高效使用区块链，快速构建和维护区块链应用；同时支持对不同的区块链平台进行统一资源管理、统一身份认证、统一运营监管、统一生态协同。平台提供可视化部署能力，实现一键式区块链网络的自动化创建，异构区块链的一键接入，解决上链难的问题，降低了区块链使用门槛。

（4）行业应用场景层。行业应用场景层是各类管理和服务主体根据业务协同需求构建的链上应用，应用场景主要应用于政务、金融、制造业、医疗等各个领域。

（二）区块链的关键技术

区块链应用于应急物流系统需要围绕三类重点技术进行展开。

1. 性能类技术——突出区块链业务处理的高并发性及组大网的能力

（1）高并发。满足单链 10 万 TPS（每秒处理的交易数量）吞吐能力，在动态分片下可实现 TPS 近线性增长。金融、政务、智慧城市、互联网等行业对区块链高并发的需求，对区块链性能提出了高标准要求。区块链并发性能与共识算法优化紧密相关。

（2）高扩展。当前已实现千级节点组网能力，节点数量会因应用延展而剧增，单条链上需要支持大规模节点并能够正常运行区块链服务。当一个区块链集群节点数拓展到百级时，因为单个节点需要维护百级的 TCP 连接，造成大量内存消耗，集群收敛速度缓慢而不稳定，尤其在容器部署场景更加明显。为了实现千级和万级节点扩展的目标，首先要解决 TCP 连接数过大且随机通信造成的流量过高的问题。应对性能和可扩展性进行平衡，采用树形结构的方式支持大规模网络扩展。区块链系统通过对网络进行分层分区治理，以及通过算法优化，大幅降低了网络内部的消息冗余度，使其运行效率不会因网络的扩容而出现明显下降。

（3）高效存储能力。基于分布式存储的高效混合存储引擎可提升存储效率，并弥补传统的区块链在处理海量数据方面存在的欠缺，因此高效的混合存储引擎是大规模数据区块链应用的关键技术之一。针对大规模数据的应用场景及不同的数据类型，设计了不同的存储引擎，以支持基于区块链的分布式存储技术与链上链下数据协同、海量数据的存储与处理，实现大数据的链上存储及不同类型数据的链上链下分离，使系统读写性能不受影响，实现高效存储与分发。

（4）高效合约执行能力。一套高效的智能合约体系能够推动区块链落地。智能合约体系需要支持多种智能合约引擎和多种主流智能合约编程语言，提供完善的合约生命周期管理，支持用户通过可视化工具自动生成智能合约代码，降低研发复杂性和成本，支持灰度升级，做到编程友好、合约安全、执行高效、版本升级平滑过渡。同时针对客户的合约提供静态扫描和形式化验证能力，以及军事级合约安全保障能力。

2. 安全性技术——突出区块链业务端到端的安全保障能力，提升数据要素的可信性

（1）高安全性。区块链系统是一种信息系统，传统信息系统所面临的安全威胁对区块链是同样存在的，所以传统的安全防护机制，工程手段都不容忽视。区块链需要基于云计算平台，自下向上构建全方位的安全保障体系，依托云平台的安全能力实现云与链的合规联动。在此基础上，区块链在关键领域如共识算法、同态加密、零知识证明、电信级云安全，高速网络连接、海量存储等方面具有自主知识产权的专利和技术积累。此外，区块链还需要充分结合可信执行环境，利用硬件的安全能力，将共识算法核心逻辑、智能合约执行引擎、跨链中继器等关键组件纳入可信执行环境内部实现，使区块链的安全级别得到进一步提升。

（2）高可靠性。区块链平台从计算、存储和网络三个角度考虑区块链节点的可靠性问题。

3. 互通性技术——突出区块链及周边技术的互通协同能力

链上链下的技术协同。区块链如何可信地获取链下数据是当前的重点发展方向。要实现链下链上数据协同，就要解决链下数据的信任问题，主要有两个方面的问题：一是数据源的可信问题，如果源头都不可信，那一切就无从谈起；二是可信上链的问题，即使从可信数据源获取到有效的数据，也要保证数据的确为请求的数据，且传输过程中没有被篡改。数据源一般跟实际业务相关，数据源可信，需要开发者保证，即确保合约访问可信的 Web 系统、数据库等。当前链下数据获取大致分为两个方向，一个是去中心化的链下数据获取方案，多个节点组成一个新的链下数据获取网络，也称为预言机网络，预言机网络同样是一个区块链服务。另一个则是中心化链下数据获取方案，链下数据服务提供商通过公司信誉、可信硬件等手段保证上链数据的可信问题。

三、区块链在应急物流体系的应用方向

应急物流具有突发性、强时效性、地域性等特点，参与应急物流信息流转的相关部门也具有多元化的模式，其在区块链的应用中是典型的联盟属性。因此，应急物流需通过区块链构建联盟链，才能实现应急物流中物资流转的多方部门作为区块链节点共同参与信息的验证，从而保证应急物流信息的安全性和真实性。

区块链赋能应急物流体系建设模型分为分布式认证、信息协同、智能合约、数据溯源、物资回收五个模块。

（一）分布式认证

由于应急物资运输管理的复杂性，且参与运输环节的实体众多，无法统一管理运输信息数据，这在一定程度上影响了保障效率。构建应急物流的物资保障信息认证体系是必不可少的。传统的认证管理以中心化的形式依赖于第三方机构，中心化的管理方式造成了运营成本高和信息安全风险等问题。区块链技术可以采用去中心化的存储运行方式解决该问题。

（二）信息协同

利用区块链作为底层技术，融合物联网、大数据、云计算等前沿科技来构建应急物流的信息协同平台。基于区块链技术的信息协同平

台可以迅速调配各环节物流作业，极大简化指挥流程，减少不同账本带来的时间成本和资金成本，有效避免应急物流链的迟缓、休眠甚至断链。同时，还可以在保证信息存储安全的前提下，实现应急物流信息可视化，特别是在遂行重大突发事件时，我们可以通过基于区块链的"虚拟仓库"来精准掌握应急物资的仓储数据，为部队用户提供针对性的物资保障。

（三）智能合约

智能合约本质是交易双方将合同内容和执行条件转化为计算机程序代码，一旦达到触发条件，系统会自动执行合约条款来完成交易。智能合约的部署使链上的所有节点都必须按照既定规则运行，任何单一的节点都无法篡改运行规则。因此，将智能合约技术应用到应急物流场景中，可以有效推动应急物流的智能运作，解决应急物流任务履约不及时、责任不明确等问题。主要从事件感应、数据处理以及资金流通三个层面来构建应急物流的智能履约系统。

（1）事件感应层面。首先将应急物流任务的类型、影响程度和范围等作为预置条件写入区块链代码。一旦触发后，预置条件会立刻作出响应，及时启动对应的应急物流预案，以确保各环节能够在第一时间内有序开展。

（2）数据处理层面。当应急物流任务发生后，系统会根据已有的数据信息来对当前任务等级进行判断，同时能够动态分析事态的走向及智能评估物资的需求程度来对应急物流输出方案进行实时更新。待任务结束后，系统会将本次事件发生的全过程数据进行预置存储，从而扩展了预案数据库。

（3）资金流通层面。当预置条件被触发时，系统会根据物流预案的要求自动下单。当需求端收货成功且确认货物无误时，收货信息会被计入区块链代码并上传，同时系统会进行智能履约。当系统检测到所有环节完成时，系统会采用共识的"数字化货币"进行自动化结算，从而减少时间成本和资金成本投入。

（四）数据溯源

应急物资流转过程中的参与主体众多，物资在流转过程中很可能会出现信息丢失等安全问题。为推动应急物流溯源体系安全有效运行，形成应急物资信息的闭环溯源，落实相关主体责任，将应急物流数据溯源模块运行流程主要分为物资供应、运输配送和政策保障三个部分。

（1）物资供应。信息综合服务中心将需求点的数据信息上传到联盟区块链后，相关物资供应方将自身部门或者个人相关基本信息登记在联盟区块链中，认证通过后作为节点加入联盟区块链。

（2）运输配送。应急物资在运输配送环节需要经过多个供应链责任主体才能到达需求点，相关物流企业承担了整条供应链责任主体节点之间的连接任务。相关供应方责任主体经过审查准入后，不仅需要将物资信息上链，还应录入物流企业的详细信息，为需求点提供便捷的物资查询入口。当应急物资到达需求点时，供应方要将物资消耗信息上链，需求点接收物资部门也要将接收物资的信息（包括物资数量、去向等）上链。

（3）政策保障。运输配送模块收到联盟区块链平台和物资供应部门相关信息后，要迅速与政策保障模块取得联系。政策保障模块应在取得上链信息资质后，将政策保障相关信息以智能合约的形式上链，或者将一些相关政策及通知以数据化的形式上链。

（五）物资回收

逆向物流开始时，可通过条码、RFID 等技术对将回收的物品名称规格、使用时间和来源等信息进行登记，及时输入区块链模块中进行准确报备并保存。同时为各主体提供用户身份标识符或公开密钥，作战分队和相关监管部门可以利用用户身份标识符或公开密钥访问物资回收环节，各主体通过实时获得物资回收环节的信息来预测供给时间、地点及回收物资的质量和数量，从而降低逆向物流管理中的不确定性。在区块链技术下，回收物资的相关数据被多方授权建立和分享，极大地增强了数据信息的完整性，便于数据的整合与分析并加以有效应用，对逆向物流的管理具有一定的指导作用，同时也提高了逆向物流管理的效率和透明度。

基于区块链的应急物资物流溯源是区块链在应急物流体系中的典型案例，具体分析如下。

1. 传统溯源中存在的问题

溯源防伪产业发展经历了两种不同的路线：一是"自上而下"，由国家和政府机构依靠政策法规推动的强制性溯源，主要关注食品、农产品、药品等领域；二是"自下而上"，由行业协会和企业为提升品牌和产品竞争实力而自行推动的，主要在化妆品、时尚奢侈品、电子产品等领域。然而，不论是食品安全还是药品安全的问题，都屡见不鲜。传统溯源技术似乎难以从根本上解决这些问题，原因有两方面。第一，传统溯源缺乏公信力，导致消费者的低信任度。消费者对产品进行扫码验证的比例较低，这反映了他们对传统溯源信息的信任程度不高。我国各行业的溯源体系建设还处于初级阶段，相关法律法规和监管体制尚未完善。大多数溯源体系由各个企业自行建设，缺乏公信力的机构参与监管。此外，溯源信息存储在中心化的数据信息系统内，数据易受黑客攻击，遭到损坏、丢失或篡改，失去透明性和可信度。第二，溯源标准不一致，导致资源浪费，难以体系化；不同产品的供应链管理存在差异，导致溯源过程中无法使用统一标准；各地企业和组织使用完全不同的溯源管理系统，导致信息无法交互，同时也限制了溯源行业的发展。很多企业的溯源系统虽然存在，却不能真正产生价值，只是增加了成本。

2. 解决方案

区块链溯源对比传统业务模式，其优势主要体现在以下两点。

（1）信息上链不可篡改，提升溯源信息可信度。

传统的溯源系统之所以缺乏公信力，主要是因为采用中心记账的模式，即数据仅存在于中央服务器中。这种模式存在一个明显的问题，即拥有中央服务器权限的机构或个人可以低成本篡改有利于自身的信息。区块链作为一种去中心化技术，以其独有的特性解决了这个问题。区块链的去中心化特征使加密数据以链式结构完整地分布式存储在链上的多个节点中，避免了中央化账本和服务器的问题。

在区块链中采用多节点分布式记账，如果有机构或个人试图篡改信息，其违法成本会变得非常高。由于多方共同维护区块链，篡改信息的难度大大增加，降低了欺诈牟利的空间。因此，区块链技术有效解决了终端消费者对于数据可信度的担忧，提高了整个溯源系统的公信力。

（2）打破信息孤岛，建立全新溯源商业生态。

传统的溯源中，溯源标准不一致，难以体系化，产品的原材料提供商、生产厂家、物流方、检测机构、销售公司、终端消费者等是彼此隔离的，是一个个信息孤岛，分散而无序，互不信任。但使用区块链进行溯源后，借助区块链的通证（Token）经济模式，可以衍生出基于通证的新商业生态。

溯源服务的基础技术架构如图5-3所示。

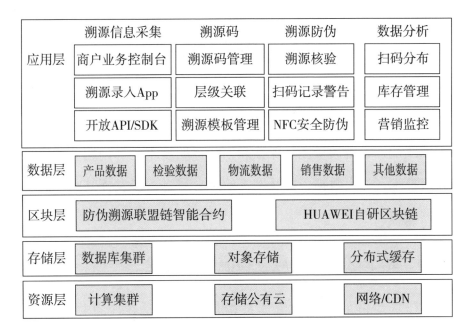

图 5-3　溯源服务的基础技术架构

溯源服务能力分层如图5-4所示。

3. 带来的价值

我国的应急物流与物资保障体系尚存在较大不足，而区块链技术作为一种基于分布式账本管理、去中心化的可信任数据技术，天然适应应急物流管理对时效性和多方参与的需求。充分利用区块链的独特

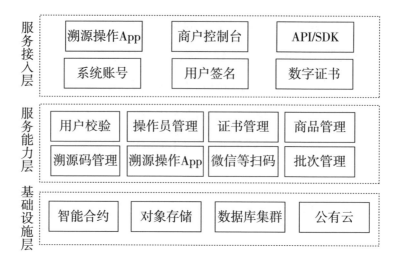

图 5 - 4　溯源服务能力分层

技术优势，可从应急物流指挥管理和应急物资调度管理两个方面构建应急物流体系，有望在一定程度上解决当前应急响应缓慢、应急物资供需不匹配、物资质量无法保证和捐赠透明度不足等问题。区块链作为新兴技术，与大数据、物联网等的融合可进一步发挥其在应急物流领域的潜力。

四、基于区块链的应急物流体系构建

基于区块链的应急物流体系构建的目标是在应急物流常设部门的管理指挥下保证受灾地区正常的物资供应。与传统的应急物流体系相比，基于区块链的应急物流体系运作流程更加简化，便于管理，图 5 - 5 和图 5 - 6 为优化前后应急物流体系的运作流程对比。优化后的应急物流体系设立了应急物流常设部门，该部门有专门职位，责任分明，通过基于区块链的应急物流信息平台与物资接收部门、物资仓储部门、物资运输部门和社会多方力量进行信息交流，对各部门的任

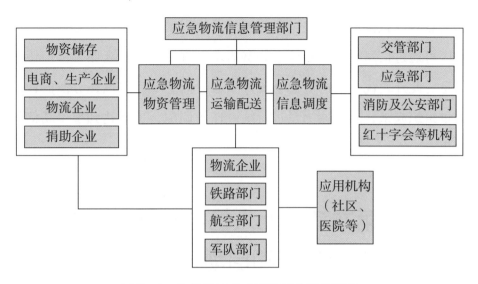

图 5－5　传统的应急物流体系的运作流程

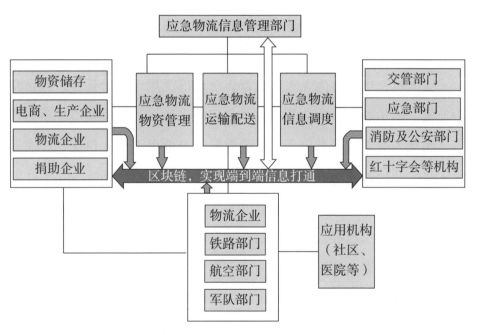

图 5－6　基于区块链的应急物流体系的运作流程

务进行统一分配和指挥；应急物流平台根据灾害信息与应急预案条件进行匹配，实现自动响应。另外，目前的应急物流体系中各部门之间无法点对点直接信息传递。对受灾地区的需求信息进行优化后，受灾地区可通过信息平台发布应急物资需求，直接与物资仓储等部门传递信息。此外，优化后的应急物流体系通过信息平台将以往分散的社会力量组织起来，对这些力量进行统一任务调配，更能达到事半功倍的效果。

第六节　无人机与机器人：
低空经济和自动化的未来

无人机与机器人技术正迅速崭露头角，为各种领域带来了自动化和智能化的革命。

无人机，也被称为无人飞行器，已经广泛用于各种任务，包括空中监测、航拍摄影、应急救援等。它们的优势在于可以在空中执行任务，无须人类直接参与。无人机的发展已经催生了无人机配送、农业无人机、环境监测无人机等应用，不仅提高了效率，还减少了潜在的风险。无人机是"低空经济"的重要组成部分。

机器人技术已经成为工业制造和自动化领域的中流砥柱。从生产线上的工业机器人到服务机器人，它们可以执行各种任务，从重复性工作到高风险操作。机器人技术在提高生产效率、减少劳动力成本和改善产品质量方面发挥了关键作用。未来，机器人还将在医疗、军事和娱乐领域发挥更大作用。无人机和机器人技术的融合将创造更多令人兴奋的机会。例如，无人机可以用于监测和交付，而机器人可以执行维护和修理任务。这两者的合作可以提高效率、降低成本，同时为无人交付、智能城市和自动化制造等领域带来更多创新。

一、无人机与机器人技术的关键特性

(一) 无人机技术的关键特性

无人机 (Unmanned Aerial Vehicle, UAV) 是一种能够在没有人类操控的情况下执行任务的飞行器。无人机通过预先设定的程序、遥控器或自主决策来完成各种任务，可以搭载各种传感器和设备，用于执行不同领域的任务。

无人机技术的关键特性包括以下五个方面。

(1) 自主飞行与遥控操作。无人机可以在没有驾驶员的情况下执行任务，根据预先设定的程序或实时传感器数据作出飞行决策。此外，无人机也可以通过遥控操作进行飞行，由操纵员在地面远程操控。这种灵活性使无人机适用于各种应用，从无人机配送到搜索与救援。

(2) 多传感器数据采集。无人机通常配备多种传感器，包括高分辨率摄像头、激光雷达、红外热成像仪等。这些传感器允许无人机采集多样化的数据，如图像、声音、温度、气象数据等。多传感器数据采集能力对于一些应用非常有用，如农业领域的农田监测、地质勘探、环境监测和气象预测等。

(3) 自动化任务执行。无人机可以执行各种自动化任务，无论是航拍摄影、搜索与救援、农田喷洒还是货物配送。它们既可以按照程序或预定路线执行任务，也可以根据传感器数据自动调整任务。这种自动化任务执行提高了效率，降低了人力成本，同时还可以减少人为错误的风险。

（4）高机动性和灵活性。无人机通常具有出色的机动性，它们可以在狭小的空间内飞行，可以悬停在空中，进行垂直起降，或者在各种天气条件下执行任务。这种高机动性和灵活性使无人机能够进入危险区域，执行需要高度灵活性的任务，如搜救、火灾监测等。

（5）数据传输和实时监测。无人机通常能够实时传输数据，让操作人员或决策者可以远程监测飞行任务的进展。这种实时数据传输对于紧急救援、灾害监测、军事任务和监控任务非常关键。同时，它还为数据驱动的应用提供了即时反馈。

（二）机器人技术的关键特性

当前，机器人可以简单看作一种能够根据预设程序或通过感知环境自主执行任务的机械设备。它既可以是物理实体，也可以是虚拟实体。机器人技术的关键特性包括以下五个方面。

（1）自主性与编程能力。机器人通常具备自主性，它们能够执行特定任务而不需要人工干预。机器人可以通过编程来执行任务，包括重复性生产、仓储管理、自动化测试和清洁工作。机器人还可以通过传感器数据感知周围环境，作出适应性决策。

（2）多功能性与适应性。机器人技术的多功能性是其一个重要特性。不同类型的机器人可以执行多种任务，从生产制造到医疗保健，从军事防卫到日常生活辅助。这种适应性使机器人能够应对多种不同的任务和环境。

（3）自动化与协作。机器人常常用于自动化生产流程中，它们可以连续工作，不需要休息，同时保持高精度和一致性。此外，机器人可以通过协作完成任务。例如，在工业自动化中，多个机器人可以在同一生产线上协同工作，提高了生产效率。

（4）数据驱动与智能化。机器人通常依赖传感器和数据来感知周围环境，作出决策。这种数据驱动和智能化是机器人技术的关键特性。机器人可以根据收集到的数据来规划路径、避开障碍物、执行任务，甚至学习和适应新的环境。

（5）人机交互和远程操控。机器人可以通过人机交互接口进行操作，也可以进行远程操控。这使机器人能够在危险环境中代替人类执行任务，或者在需要人类专业知识的情况下接受远程指导。

二、无人机与机器人的关键技术

无人机和机器人作为自动化系统的一部分，涉及许多关键技术方向和系统。以下是它们的关键技术和系统。

（1）自主导航技术。包括 GPS、惯性导航系统、视觉导航系统等，以实现无人机和机器人在三维空间中的准确导航。

（2）避障技术。利用传感器（如激光雷达、超声波传感器、摄像头等）实现对障碍物的实时检测和避让，确保飞行和机器人运行安全。

（3）操作系统。提供机器人的硬件和软件集成，简化开发和控制过程。

（4）控制系统。操纵无人机的主要是飞行控制系统，包括飞控芯片、电机、螺旋桨、传输设备、地面控制基站等组成的系统，用于实时调整无人机的飞行状态；操纵机器人的主要是运动控制技术，包括关节控制、动力学分析等，实现机器人的精准运动和姿态调整。

（5）电源与能源管理。包括电池技术、超级电容技术等，用以提供足够的电力支持机器人和无人机的运行。

（6）数据处理与存储。处理和存储从传感器和其他系统中获取的大量数据，包括各种传感器（摄像头、红外传感器、气象传感器等）和负载设备（投放装置、携带设备等），涉及嵌入式系统和云计算技术。

三、无人机与机器人在应急物流中的应用

无人机与机器人在应急物流管理、城市管理和供应链管理领域有着广泛应用。

（一）应急物流管理

（1）灾害救援。无人机和机器人在自然灾害发生后可用于执行搜救和救援任务。无人机可以提供灾区的实时图像和视频，帮助救援人员评估情况，并规划最佳救援路线。机器人也可以进入危险区域执行任务。

（2）医药物资运送。无人机在紧急情况下可用于运送医药物资，如急救药品、生命支持设备和医疗用品等。机器人可以在交通困难的地区或灾区执行医药物资运送任务，提供急需的医疗援助。

（3）食品和物资分发。机器人在应急物流中可以用于食品和物资的分发。它们可以在仓库中自动装载货物，然后在目标地点交付。这有助于快速响应紧急需求。

在过去的应急救援体系中，主要依赖传统交通工具（如铁路和大型飞机）来运输救灾物资。然而，这些工具仅能将物资运输至灾区附近，随后的运送往往依赖直升机、地面车辆甚至人力，不仅费时费

力，而且在地面道路受阻时，车辆难以快速到达灾区。

在面对这种情况时，无人机与抢险机器人的联合运用往往能够显著改善应急救援的局面。一方面，飞艇的快速安全飞行能够迅速到达灾区上空，避免受到余震、泥石流等威胁，并能够在地面非常接近的位置悬停，向灾区输送急需的物资。另一方面，在复杂地形和危险灾害环境中，抢险机器人能够替代人类进行道路清理和搜索救援工作。目前，水下机器人、火灾机器人、矿用抢险机器人等已广泛应用于应急救援领域。这种创新的技术手段不仅提高了救援效率，而且增加了应对灾害的灵活性。

（二）城市管理

无人机可用于监测城市的空气和水质。它们可以检测污染源、监控大气颗粒物、测量水体质量，并提供数据支持城市环境管理和改善。相比传统方法，无人机可以实现城市内部的细粒度、微环境的污染监测。

（三）供应链管理

机器人在仓库中用于自动化库存管理。它们可以在库存中执行任务，如货物装卸、分类、装箱和标记，以提高库存效率和准确性。

无人机和机器人可以用于提供实时可见性，监控货物的位置和状态。这有助于供应链管理者更好地了解货物的流动，减少丢失和延误，提高整个供应链的可靠性。

无人机和机器人可用于供应链的物流和配送任务。无人机可以用于远程地区的货物运送，如荒郊野外的紧急物资交付。机器人可以用于"最后一公里"配送，将货物从仓库或物流中心送到顾客手中，提高了速度和准确性。

需要特别说明的是，物流仓库机器人是现代机器人的分支，是由工业机器人演变而来，专为自动化立体仓库提供服务的机器人。它的出现引领了物料仓储和搬运管理自动化的崭新时代，能够适应强调快速响应的应急物流体系。目前，物流仓库机器人并非独立存在，而是由多种用途和功能的机器人组成的智能机器人系统，主要包括以下几种。

（1）码垛机器人。这种机器人能够将相同（或不同）外形尺寸的包装货物整齐、自动地码成堆，或者将堆叠好的货物拆开。它不仅能解放繁重的体力劳动，减少辅助设备的资源使用，而且具有高度柔性、强大适应性、占地面积小、动作范围大、低能耗等优势，能够减少物料破损和浪费，从而降低物流运行成本，提高物流速度。

（2）搬运机器人。这类机器人配备有自动导航和装卸系统，它能够在不需要人工引导的情况下沿着预定的路线自动行驶，将物料从起始点自动运送到目的地。目前的导航方式包括电磁感应引导式、激光引导式、视觉引导式、铁磁陀螺惯性引导式和光学引导式等；装卸机构则包括升降式、滚轮输送带式和移载托板式。

（3）质检机器人。长时间储存的货物可能由于潮湿、生锈和发霉，或由于保管不当而导致质量下降，尤其是易受灾的物资，如食品和棉制品。依靠人工翻仓检查不可避免地存在费时和遗漏的问题。小型质检机器人可以自动进入狭小空间，仔细检查货物，通过无线通信将受检物品情况发送给仓库指挥室，提高了质检效率。

（四）航空监测与指挥控制

在重大自然灾害发生时，由于受灾地区长时间处于恶劣天气，飞机、卫星不能及时得到清晰的遥感图像。无人机凭借其体形灵巧、移动方便的特点，在安装高分辨率照相机和遥感设备后，可以全天候巡航监控受灾地区，勘查现场情况，快速了解、评估灾情，即时将信息传递给指挥部门，为应急救援物资数量、物流输送道路等提供连续、系统、全面的一手资料。

在配置通信中继设备后，无人机的通信机动覆盖面积大（一般达数万平方千米），持续工作时间长（24 小时左右），通信频道宽、效能高，可在灾害发生的第一时间到达灾区上空，打通灾区与外界的通信联络，稳定灾区秩序，为救援物资的运送打下坚实的信息基础。

四、无人机与机器人的发展趋势

无人机与机器人技术正经历着快速发展，未来的前景充满了无限可能。这两者将继续在各个领域发挥关键作用，从自动化制造到医疗保健，从城市管理到环境监测。以下是对无人机与机器人未来发展趋势的深入探讨。

（一）智能化与自主性

无人机和机器人将变得更加智能和自主。它们将能够更好地感知和理解环境，作出更加智能的决策。这将包括更先进的传感技术和计算能力的提升，以及更高级别的人工智能和机器学习算法的应用。这将使无人机和机器人能够执行更复杂的任务，更好地适应不同的环境。

智能化的发展还将促进自主性的提升。未来的无人机和机器人将能够更独立地执行任务，无须过多的人类干预。例如，更高级别的自主路径规划、避障技术和自动化决策。这将会给应急响应、自动化生产和智能交通等领域带来显著改进。

（二）多模式性和多功能性

无人机和机器人将越来越多地具备多模式性和多功能性。这意味着它们可以在不同的模式下执行多种任务。例如，一台机器人可以在轮式模式下移动，也可以切换到腿式模式以应对不同的地形。无人机可以在垂直起降和定点悬停之间切换，以适应各种任务需求。

多功能性是指它们能够执行不同种类的任务。例如，一台机器人可以用于清洁工作，也可以用于仓储管理或医疗保健。无人机可以用于监测、测绘、运输和交付。这种多模式性和多功能性将提高设备的灵活性，使其更适应不断变化的任务需求。

（三）协作与协同

无人机和机器人将更多地用于协作和协同工作，形成群体智能。它们将能够一起执行任务，互相协作，以完成复杂的任务。这将涵盖多机器人系统、无人机和机器人的协同工作以及与人类的协同合作。

在医疗手术中，多台机器人可以在手术台上协同工作，提高医疗手术的精确度和效率。在军事领域，多个无人机可以一起执行侦察任务。在救援任务中，无人机和机器人可以协作，救援人员或提供医疗援助。

（四）小型化和微型化

无人机和机器人将趋向小型化和微型化，即将出现更小型、更轻巧的机器人和无人机。它们可以更容易地进入狭小空间执行任务，或者在限制性环境中操作。小型化还将降低制造和维护成本，使这些技术更加可承受。

小型化和微型化的趋势也将促使无人机和机器人更好地适应日常生活。例如，小型机器人可以用于家庭清洁、宠物照顾，或者提供个性化的医疗保健服务。微型无人机可以用于室内监控和娱乐活动。

（五）长续航能力和充电基础设施

长续航能力将使无人机和机器人能够执行更长时间的任务，减少了中途充电或更换电池的需求。无人机和机器人拥有更长的续航时间后，将扩展它们在各种应用中的实用性。长续航能力主要体现在更高能量密度的电池技术，以及更高效的电力管理系统。

同时，充电基础设施将得到发展，以支持电动机器人和无人机的充电需求。这将包括在城市和农村地区建立充电站，以及更便携的充电解决方案，如无线充电技术。

（六）数据驱动和人工智能融合

无人机和机器人将更多地依赖数据驱动和人工智能。它们将能够更好地分析和理解数据，以作出更智能的决策。这将包括更高级别的机器学习算法和自然语言处理技术，以及更高级别的感知和认知能力。

利用人工智能章节提及的大语言模型，数据驱动和人工智能还将使无人机和机器人能够更好地与人类互动。它们将能够理解语音指令、视觉识别和自然语言处理，以更好地适应人类需求。这将使它们在医疗、教育和娱乐领域中发挥更大的作用。

总的来说，无人机和机器人技术的未来发展将是多方面的，包括技术、应用等各个方面。它们将继续改变我们的生活和工作方式，提高效率，降低风险，并为未来的社会和经济带来新的机会和挑战。

第七节　卫星遥感与遥测

卫星遥感与遥测技术是一项革命性的科技，该技术通过卫星系统从地球上空获取数据和信息，可用以支持广泛的应用，包括环境监测、自然资源管理、气象预测、军事侦察、城市规划等各个领域。这项技术已经改变了我们对地球的认知，为决策制定者、研究人员和企业提供了宝贵的信息资源。

一、卫星遥感与遥测的基本概念和关键特性

卫星遥感与遥测是一种利用在轨道上飞行的人造卫星获取地球表面信息的技术。这一技术的发展使我们能够实时、全面、准确地监测地球的自然资源、气候变化、环境状况等多方面信息。本节将深入探讨卫星遥感与遥测的基本概念和关键特性。

（一）卫星遥感与遥测的基本概念

卫星遥感是利用卫星搭载的传感器，通过接收、记录地球表面反射、辐射或散射的电磁波，获取并分析地球表面的信息。这些传感器通常包括光学传感器、红外传感器、雷达传感器等，涵盖了可见光、红外线、微波等不同波段。卫星遥感可用于地质勘探、气象监测、农业管理等多个领域。

卫星遥测是指应用遥感技术和探测信号获取目标物体的状态或信息，如发射无线电波、超声波和激光等，收集相关信息，并将这些信息传输回地面进行分析和处理。这些信息通过卫星通信系统传回地面站，为科学家、决策者提供重要的数据支持。

遥测与遥感的技术方法基本相似，其主要区别在于：遥测时需要主动发射探测信号，遥感则是被动地接收对方的特征信号。

（二）卫星遥感与遥测的关键特性

卫星遥感与遥测以其全球覆盖、多光谱探测、高空间分辨率等关键特性，为地球观测和资源管理提供了强大的工具。

卫星遥感系统通常搭载多光谱传感器，能够在可见光和红外波段捕捉地表的不同特征。这种多光谱探测能力使卫星能够区分陆地、水域、植被、建筑等不同地物，为环境监测和资源管理提供详细信息。

空间分辨率是指卫星传感器在地球表面上所能区分的最小对象的大小。高空间分辨率意味着卫星可以捕捉到更小的地物，提高了信息的准确性和精度。

时间分辨率是指卫星观测同一地区的时间间隔。较短的时间分辨率意味着卫星能够更频繁地观测目标区域，有助于监测动态变化，如自然灾害、植被生长季节等。

卫星遥感系统能够覆盖全球范围。这使卫星遥感在应对全球性问题，如气候变化、自然灾害等方面发挥着独特作用。全球覆盖能力保证了信息的全面性和普适性。

实时性是卫星遥感的一个关键特性。通过即时获取和传输精准的数据，卫星遥感系统能够支持实时的应急响应和决策制定。

二、卫星遥感与遥测的关键技术

卫星遥感与遥测的关键技术方向涵盖多个领域，包括多光谱和高光谱技术、传感器技术、高空间分辨率技术、时序遥感技术等。以下是卫星遥感与遥测的关键技术方向。

（1）多光谱和高光谱技术。进一步发展多光谱和高光谱传感器，以获取更丰富的地表信息，对地物进行更精细的分类和识别，为环境监测和资源管理提供更详细的数据。

（2）传感器技术。不同波段的传感器技术是卫星遥感的核心技术。发展更先进、高灵敏度、高分辨率的光学传感器、红外传感器、微波传感器等，以适应不同应用领域的需求。

（3）高空间分辨率技术。提高卫星传感器的空间分辨率，使其能够更准确地捕捉地球表面的细节信息，尤其是在城市规划、资源管理等领域。

（4）时序遥感技术。发展时序遥感技术，通过连续多时相的卫星数据，实现对地球表面变化的监测，包括地震中地表变化、森林火灾等。

（5）遥测通信技术。不仅要提高遥感数据的获取能力，同时也要发展更先进的遥测通信技术，确保数据能够及时、可靠地传输回地面站。

（6）超分辨技术。利用超分辨技术合成高分辨率图像，提高遥感图像的质量和详细程度。

（7）人工智能与机器学习技术。引入人工智能和机器学习技术，用于自动化的遥感数据解译、分类和分析，提高数据处理的智能化水平。

三、卫星遥感与遥测在应急物流中的应用

（一）灾害监测与应急物流调度

卫星遥感与遥测技术可用于监测自然灾害，如洪水、地震、风暴等。根据卫星遥感获取受灾地区的高分辨率图像，我们可以迅速评估受灾程度、道路状况等信息。在应急物流中，这些数据可用于实时调度物资、确定最佳运输路线，提高物流运输效率。例如，在洪水发生后，卫星图像可以帮助确定受灾区域，规划救援物资的最优路径，提前做好应急准备。

（二）资源分布监测与调度优化

卫星遥感技术可以实时监测资源分布情况，包括仓储设施、交通枢纽等。在应急物流中，通过监测仓库储存量、车辆分布等信息，物流管理者可以及时了解资源状态，确保物资迅速调度到需要的地区。这有助于避免资源浪费和提高应急响应效率。

（三）环境监测与危险品运输安全

利用卫星遥感技术监测环境因素，如气象条件、空气质量等，对于危险品运输的安全至关重要。通过获取实时的气象信息，我们可以预测恶劣天气，及时采取措施确保危险品运输的安全。同时，监测环境污染情况，提前预警危险品可能面临的风险，有助于制订更科学的运输计划，降低事故风险。

（四）应急场景下的远程监控与响应

卫星遥感技术可以提供灵活的远程监控能力，特别适用于偏远或灾区。在应急物流中，通过卫星图像、传感器数据等，我们可以实现对受灾区域的远程监控。这为应急响应提供了实时数据支持，决策者能够依靠实时数据更好地了解灾情，进行远程指挥和调度，从而更加有效地进行应急物流管理。

第六章　应急物流体系
主要功能系统

第一节　应急物流系统

一、应急物流系统的概念

（一）应急物流系统定义与智能化构建

应急物流系统是为了满足突发事件下的物流需求所构建的有机整体，通常由物流元素、物流实体和物流环节组成，各部分之间协调一致、相互作用。物流元素主要包括人员、装备、技术、物资、基础设施及相关政策法规等。在智能化的构建中，以前面章节介绍的关键技术为核心，促进各物流元素围绕应急物流目标高效协同，构成一个集成化、智能化的应急物流系统。应急物流系统框架如图 6-1 所示。

（二）应急物流系统的主要特征

应急物流系统是为了应对突发事件而设计的特殊物流体系，其主要特征可以从不同角度进行归纳和分析。

从系统需求和系统特点的角度，应急物流系统具有如下特征。①时间紧迫性：应急物流系统的构建和操作必须考虑时间的不可预测性、不确定性和紧迫性。②快速反应能力：应急物流系统需要具备快速反应的能力，能够在最短的时间内动员资源、处理信息、执行任务，以确保救援物资及时送达。③开放性和可扩展性：应急物流系统应能够适应不同规模和类型的突发事件，能够与其他系统协同工作，

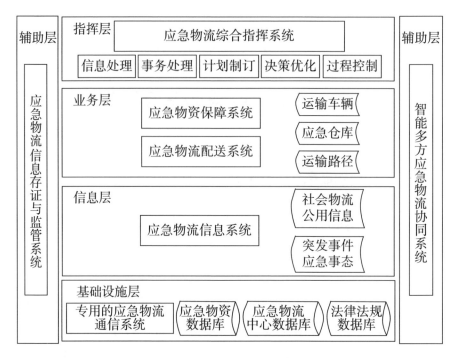

图6-1　应急物流系统框架

并根据需求快速扩展资源和能力。

从参与主体和系统效益的角度，应急物流系统具有如下特征。①政府主导：政府在建立和管理应急物流体系中起到关键作用，负责统筹控制和协调各参与方，确保资源的有效分配和使用。②全民参与：应急物流的高效运转需要社会各主体的共同参与和协作，包括政府、企业、非政府组织和公众等。③效率优先：与传统物流系统不同，应急物流系统更加注重在最短时间内完成任务的效率。

此外，应急物流系统和普通的物流系统存在较大差别。在系统目标方面，普通物流系统往往更加重视"成本小而利润大"，应急物流系统则更加注重"速度和效率"。在设备特征方面，普通物流系统一般为常设性的设施，而应急物流系统则多为临时性、机动性的设施。

综上所述，"急"是应急物流的最大特点，因此，应急物流系统构建的根本目标就在于最短化运输时间从而最小化灾害损失，而普通物流系统着重强调的经济效益将不再作为核心目标来进行考量。应急物流系统的核心在于迅速响应和高效运作，以确保在紧急情况下能够及时提供救援物资和服务。这要求系统设计时充分考虑灵活性、协调性和实时性，同时强化数字技术和通信工具的应用，以提升整个系统的智能化水平和响应能力。

二、应急物流系统的运作流程

为了在突发事件发生时能够快速响应，减少人员伤亡和财产损失，必须提前规划和详细设计应急物流系统的运作流程。这样，在灾害发生时，应急物流活动才能够有序开展。图6－2从业务角度展示了应急物流的运作流程，包括从物资供应点到需求点的整个物流业务过程（采购、仓储、运输、配送）。

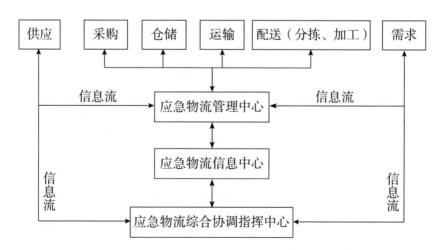

图6－2 应急物流系统运作流程示意

在这一过程中，应急物流系统的各参与实体（如省市物流管理中心、应急物流中心和综合协调指挥中心）应各负其责，协调各环节的工作，以促进信息的有效传递和实时反馈，从而优化物流资源的使用，提升应急物流的整体效率。

（1）应急物流综合协调指挥中心。负责整合各方信息，统一指导应急物流运作流程的各个阶段，确保应急物流体系的高效、有序运作。应急物流综合协调指挥中心应整合人工智能、时空大数据、新一代通信技术等关键技术，使指挥中心能够更有效地管理和协调救援物资的筹措、储存、配送等各个环节的工作。例如，人工智能可以用于优化物流路径和预测需求，时空大数据可以提供准确的灾情和资源分布信息，而新一代通信技术则确保信息传输的高速和可靠。

（2）应急物流信息中心。公平、透明地集成和分析应急物流中的信息流，包括突发事件的发展、受灾区域的物资需求、交通状况、天气情况及物流企业的运力和荷载等。这些信息对于制定应急物流决策至关重要。信息中心必须进行需求预测，密切关注灾区的地理特性、人口分布和人口结构，以便准确预测物资需求；及时将关键信息反馈给各地应急物流管理中心，以便供应端能够根据需求的变化高效管理物资。应急物流信息中心可以利用时空大数据技术提供实时灾情和资源需求信息，利用无人机和卫星遥感与遥测技术获取灾区的实时图像和数据，为应急物流决策提供支持。

（3）应急物流管理中心。负责执行具体的应急物流业务，包括采购、仓储、运输、分拣、包装、配送等活动。其目标是在确保快速响应的同时，尽量减少物流成本，提高运输效率。应急物流管理中心应具备完善的功能、敏捷的反应能力和高度的适应性。另外，为了提高应急物流的效率、有序性和精确性，应根据事件的发展情况，对不同地区的应急物流管理中心进行统一协调，并动员更多的物流企业和社会组织参与，以确保应急物流的人力和物力支持。因此，应急物流管理中心应该整合边缘计算与物联网技术，以提高对物流业务的监控和管理能力。例如，利用物联网设备进行实时跟踪和监控，利用边缘计算处理大量数据并提供快速响应。此外，无人机和机器人技术可以用于自动化和提高配送效率，特别是在难以到达的灾区。这些技术的应用将使应急物流系统更加高效、有序和精准，并能够根据突发事件的发展态势，进行有效协调和资源调配。

三、应急物流系统的保障机制

为了保障突发事件应急物流系统的高效运转，需要完善保障机制，具体分析如下。

（一）突发事件的实时监测和预警机制

实时监测和预警机制是应急物流保障的前提。这要求建立一个综合监测系统，集成各种传感器和监测设备，如地震仪、气象雷达、监控摄像头、卫星遥感器等，以及相关的人工智能、大数据分析和预测软件。利用这些数字技术和工具，实时收集各类数据，通过算法对事件的发展态势进行精准预测，并迅速生成预警信息，为应急预案的制定和执行提供数据支持。

（二）各级政府的协调保障机制

政府在应急物流中扮演着关键角色，需要建立一个跨部门、跨层级、跨地区的协调机制，确保快速响应和资源整合。这包括建立统一的指挥中心、制定紧急状态下的工作流程和通信协议，以及确保关键信息和资源的实时共享。

（三）"绿色通道"机制

为确保应急物资能够迅速到达灾区，需要建立"绿色通道"，为应急物资运输提供便捷的通行条件。这可能包括特定的交通路线、优先通行权、简化的检查程序等措施，以提高物流速度和效率。在"绿色通道"机制中，可以利用智能交通管理系统和实时路况分析，优化应急物资运输路线，减少延误。同时，通过电子标签和GPS，保障应急物资运输车辆的优先通行，提升应急物流效率。

（四）全民动员与参与机制

通过媒体和互联网平台，政府可以发布准确的灾情信息和救援需求，动员公众参与救援物资捐助和志愿服务。这种机制可以提高社会对突发事件的响应能力和资源集成的效率。此外，可以充分利用社交媒体、移动应用程序及在线平台等数字工具，更有效地动员公众参与。这些平台可以提供实时更新的信息，并开设专门渠道，让公众参与救援物资捐助和志愿服务。

（五）应急信息公开机制

政府应及时、准确地发布灾情和救援信息，避免谣言和恐慌的产生。这要求建立一个信息发布平台，确保信息的及时更新和准确性。借助大数据和分析工具，可以更准确地分析和发布应急信息，及时公布突发事件的最新进展。同时，也可以通过区块链技术保证信息的不可篡改性和透明度，从而提升公众信任度。

（六）应急物流系统的数字化支持平台

随着数字化转型的发展，应急物流系统也需要提高其数字化、网络化和智能化水平。这包括建立数字化的物资管理平台、信息管理系统、预案数据库、调度和决策支持系统，以及利用 GPS、GIS 等技术进行物流监控。应急物流系统的数字化支持平台应整合更多智能化工具和系统，例如，运用云计算提供弹性计算资源，利用物联网设备进行实时监控，以及应用人工智能进行智能决策支持。

（七）应急基金的储备保障机制

资金是应急物流运转的重要保障。建立应急基金，可确保在突发事件发生时有足够的资金用于救援和重建。应急基金的储备保障机制可以结合区块链技术，对应急基金进行管理，确保资金流的透明性。同时，可以利用数字货币和移动支付技术，快速、准确地将资金投放到需要的地方。

四、应急物流系统的设计原则

应急物流系统的设计原则应体现其特殊性，以确保在突发事件发生时能够快速、有效响应。以下是应急物流系统设计的关键原则。

（一）灾前早期防范与灾后应急处置相结合

为了应对突发事件的不确定性和紧急性，应急物流系统设计需要在平时就做好充分准备，包括建立应急物资和运输工具的数字化数据仓库及完善的预警系统。将人工智能技术用于灾害预测、风险评估和决策支持，提高灾前预警和防范的能力。同时，在灾害发生后，迅速启动应急处置机制，包括决策和协调机制，利用时空大数据来优化资源配置，确保关键信息在灾害发生前后都能实时更新和共享，加强灾后应急物资的高效配送和资源动员。

（二）时间效率放在首位

在设计应急物流系统时，时间效率，即快速响应和物资配送能力，是最关键的考量因素。在设计应急物流系统时，应充分利用5G、物联网、边缘计算等技术，提升数据传输速度和实时通信能力，确保信息流和物流的同步高效。

（三）市场机制与行政机制、法律机制并存

应急物流系统的设计需要综合考虑市场机制、行政机制和法律机制的作用。市场机制可以调动社会资源和私营部门的参与，行政机制和法律机制可以确保资源的合理分配和快速动员，以及确保应急物流活动在法律框架内进行。同时，应急物流系统应采用区块链技术提升透明度和可追溯性，确保物资分配和捐赠活动的可靠性和公正性。

（四）提高灾区物资配送和评估效率

应急物流系统设计应考虑集成无人机与机器人技术，提高灾区物资配送的灵活性和自动化水平。无人机可以用于空中侦察和快速运输，机器人可以在危险或难以到达的地区执行搜索和救援任务。

综合来看，应急物流系统的设计应基于高效性和快速响应的原则，同时结合技术、管理和法规等多方面支持，以确保在面对突发事件时能够最大限度地减少损失，并保护人民生命财产安全。

第二节　应急物流综合指挥系统

一、应急物流综合指挥系统概述

（一）应急物流综合指挥系统定义

应急物流综合指挥系统是一个综合性的管理平台，其在应对自然灾害、事故灾难、公共卫生事件和社会安全事件等多种突发事件中发挥着至关重要的作用。一个高效的应急物流综合指挥系统能够确保应急物资迅速、准确地运输和分配，提升决策的科学性，并促进不同参与方之间的有效沟通与协作。这样的系统对于降低受灾地区的人员伤亡和财产损失至关重要，是应对突发事件的关键功能系统，旨在优化紧急情况下的响应措施，减轻突发事件带来的负面影响。

在设计和实施应急物流综合指挥系统时，应考虑与关键技术相结合，如人工智能、时空大数据、区块链及卫星遥感与遥测技术。这些技术的整合能够显著提升系统的实时监控、决策支持、资源调度和现场响应能力，从而更有效地应对各种紧急情况。

（二）问题分析及改进建议

在我国现行的公共卫生应急救灾体系中，应急物流综合指挥系统虽然取得了一定成效，但有些问题仍需得到重视和解决。以下是对这些问题的进一步分析和改进建议。

1. 信息对称性及统一指挥机制的缺失

（1）存在问题。在应对不可预知和紧迫的突发事件时，关键在于明确谁来负责协调应急方案的制定，以及谁来整合横跨不同区域和组织的资源。目前，由于应急物流供应链信息高度分散，导致政府的指挥和协调能力不足，这直接影响了应急物资和捐赠物资的运输效率。

（2）改进建议。面对上述问题，可以考虑建立统一的应急物流指挥机制，采用信息化手段，如卫星通信、物联网技术、区块链技术等，实现信息实时共享。发展高效的物资需求和供应匹配系统，确保物资能够快速准确地分配到需要的地方。强化跨区域、跨组织的协调合作，通过法律法规确立应急物流指挥机构的权威地位和职责。

2. 应急预案的实用性和重视程度不足

（1）存在问题。尽管全国已制定了超过 130 万份应急预案，覆盖多种常见的突发事件，并且各省市根据本地实际情况制定了相应的应急预案，但这些预案在面对实际复杂情况时往往缺乏可操作性。

（2）改进建议。针对上述问题，可以对现有应急预案进行评估和演练，以提高其实际操作性和有效性。结合历史数据和模拟训练，动态调整和优化应急预案，确保其与实际需求相符。加强预案的动态管理和更新，确保应对策略的灵活性和适应性。

3. 专业性要求与信息化建设的不足

（1）存在问题。公共卫生事件常常导致交通网络瘫痪，需要协调陆地、海上和空中的运输及救援力量。这对应急团队的专业技能和设施配备提出了严峻挑战。例如，在空中救援活动中，由于专业救援设备如直升机的数量有限，调度流程复杂，加上人员培训不足和配套设备的缺失，使应急调度工作受到严重拖延，这已经成为影响应急物流指挥效率的关键弱点。

（2）改进建议。加强应急物流团队的专业培训，提升人员的应急处理能力和专业技能。投入更多资源升级应急物流设备，包括通信、运输和救援装备，以适应各类突发事件的需求。推动信息化建设，利用大数据、云计算、物联网、区块链等现代信息技术提高应急物流综合指挥系统的响应速度和决策质量。

4. 缺乏信息共享平台和联动机制

（1）存在问题。我国目前缺乏一个具有绝对权威的应急指挥信息共享平台，以及一个有效的军政民联动信息发布系统。这导致了应急后勤信息传递缓慢、沟通困难，以及责任不明确等问题。在应急物流的最末端，资源的相互竞争尤为突出，这严重影响了应急物资运输的效率和成效。

（2）改进建议。构建权威的应急指挥信息共享平台，实现信息资源的集中管理和调度。发展军政民一体化的信息发布和响应系统，确保各方面的高效协同和快速反应。明确各级指挥员的职责和协作流程，避免应急物流末端的资源冲突和效率低下。

这些改进措施可以提升我国应急物流综合指挥系统的整体效能，更好地应对大规模突发事件，减少损失，并保护人民的生命财产安全。

二、应急物流综合指挥系统功能

（一）系统目标

为了建立一个统一高效的应急物流综合指挥系统，可着重考虑以下目标。

1. 建立事前运输筹备机制和应急协调机制

首先，构建应急车辆数据库，记录各大物流公司的运力信息，包括车型、行业和经营规模，确保在突发事件发生时能快速调用预留的应急车辆。其次，建立应急指挥中心，在政府和社会团体的指导下，成立专门的指挥中心，负责统一管理和调度应急车辆，以及对突发事件的迅速响应。在此基础上，要建立一个涵盖企业与政府之间利益协商、政策与法规整合的协调机制，提前识别潜在问题并研究解决方案，确保应急物流协调的及时性。

2. 建立应急通报平台

设立一个实时的应急信息发布平台，用于实时向公众通报应急活动的进展，管理舆论，强化宣传，树立正面形象。利用平台收集在应急物流过程中出现的问题，并定期向政府部门报告，同时与新闻媒体合作，推广成功的案例，鼓励更多的主体参与应急物流体系的建设中。

3. 建立应急物流指挥数据中心

搭建一个数据中心，收集历史突发事件的信息，对数据进行整理和分析，构建应急模型。并利用数字技术提供辅助指挥调度和决策支持，对应急物流进行指挥，这样就能最大限度地减少损失。

实现了这些系统目标，指挥层就可以提高应急物流综合指挥系统的效率和响应能力，确保在突发事件中能够快速、有效地进行物资调配和救援。

（二）系统功能模块

一个完善的应急物流综合指挥系统应当有一套特定的功能模块，

并结合日常的管理维护和数据存储，才能在应对突发事件时有效发挥指挥作用，提升应急物流整体效益。

1. 日常管理模块

日常管理模块主要负责日常事务的管理，诸如为各应急物流部门制订工作计划，提供所需材料，为融资、储存、配送和财务管理提供优化的解决方案等。除此之外，还负责应急物流基础信息的管理，如人员信息、设备信息、资金信息、自然灾害信息、地质气候信息、法律政策信息等。

2. 应急物流监控预警模块

监控和预警通常依托于先进技术，如利用无人机和机器人技术，实现对物流过程的实时监控，及时捕捉异常情况，并利用卫星遥感数据进行环境监测，结合机器学习算法对潜在风险进行预测并发出预警。这样做的目的是实时记录物流操作的当前状态和未来需求，以便及时发现风险并处理问题，确保达到应急物流目标。

3. 应急物流辅助决策模块

基于科学依据的应急物流辅助决策对于确保物流活动的效率而言至关重要。因此，应急物流综合指挥系统应具备决策支持功能，包括但不限于对应急资源的实时查询、对突发事件发展趋势的分析预测，通过算法和模拟技术优化资源分配。

4. 应急物流行动记录模块

应急物流综合指挥系统必须详细记录每项应急物流活动的关键步骤、执行过程和实施结果，以便进行后期的经验总结。可以使用区块链技术记录所有应急物流活动的详细步骤和结果，确保透明性和可追溯性。通过对重要应急物流行动的复盘和分析，有效评价应急物流整体效益，完善现有应急预案，为未来的应急物流行动提供有效借鉴。同时，该模块还需要实现应急物流信息的公开统一发布，及时准确地向社会发布有关信息，以正确把握舆论导向，引导大众情绪向积极方面发展。

三、应急物流综合指挥系统构建

构建一个高效的应急物流综合指挥系统是确保在突发事件发生时能够迅速有效响应的关键。这一系统的建设必须立足于国家的法律法规基础之上，以确保所有操作的合法性和合理性。在此基础上，系统的构建还需考虑到突发事件的特殊性，有机结合不同机构和应急资源，包括政府、军队、地方组织及行业专业机构，从而确保跨部门、跨领域、跨区域之间的有效协调。

统一的应急物流综合指挥系统应依托于各级政府部门和行业协会，形成一个协调一致的指挥体系。在应急物流供应链的实际操作中，这意味着在突发事件发生后，应立即启动响应、动员和协调机制。横向上，应促进各节点与同级应急物流部门之间的信息流动和资源共享；纵向上，应建立起自上而下的指挥体系，使中央级指挥机构能够顺畅地指挥地方级机构，形成整个应急物流综合指挥系统的合力，共同应对突发事件。

（一）应急物流综合指挥系统建设原则

建立应急物流综合指挥系统是为了在突发事件中实现快速、有效的物资调配与指挥协调。为了确保该系统的有效性和适应性，需要遵循以下几个关键原则。

1. 开放兼容性原则

设计应急物流综合指挥系统时，应采用模块化和开放性的设计理念，以确保系统具有高度的灵活性和可扩展性。这样的系统可以方便地与各种子系统进行互联互通，并能够适应多样化的技术和设备需求。同时，要制定统一的接口和协议标准以便于系统的整合和未来的技术升级。

2. 灵活协调性原则

应急物流活动的本质是要求在时间和空间上的高效协调。系统设计应保证物流环节的顺畅连接，减少资源浪费。系统操作界面应直观易用，确保所有用户能够有效利用系统的软硬件资源，从而提升整体的操作效率和协调能力。

3. 时效性原则

应急物流的核心在于快速响应。在紧急情况下任何时间上的延误都可能导致严重后果。因此，指挥系统的建设必须重视快速的信息收集、决策制定和执行能力，以确保能够在最短时间内采取有效行动。

遵循这些原则不仅能够提高应急物流综合指挥系统的效率和响应速度，还能够在面对突发事件时，确保资源的合理分配和有效利用，从而有效应对危机。

（二）应急物流综合指挥系统建设工作

应急物流综合指挥系统建设是一项复杂而艰巨的工程，内容多、范围广。从我国目前的实际情况来看，并综合前文分析内容，要成功建设该系统，需要执行以下几方面操作。

1. 加强人才培养和团队建设

合格的人才是应急物流有效运作的先决条件之一，这不仅包括了实施物流活动的人才团队，也包括了指挥物流活动的人才团队。因此，在推进应急物流的活动过程中，不仅要充实各节点的人才队伍，还需要加大各院校、培训机构对指挥型人才的培养和储备。此外，还要培养能够处理复杂数据和算法的人才，以及能够利用 AI 进行决策支持和预测分析的专业人员。同时，团队建设应重视跨学科合作，整合时空大数据处理、通信网络管理、边缘计算等领域的专家，这样才能在应急物流中实现更加智能化的指挥和管理。

2. 编制灵活合理的应急物流预案

应急物流预案应具有高度的灵活性和适应性，应能够根据不同的突发事件进行快速调整。在预案制定过程中，可以利用时空大数据技术来分析历史事件和模拟可能的应急情景，以制定更加精准和高效的应急预案。同时，要建立一个动态更新机制，确保预案能够与时俱进，反映最新的技术进步和管理经验。

3. 建立应急物流管理政策法规体系

应急物流活动需要一个完善的法规体系作为支撑。政策法规的建立应涵盖应急物流的所有方面，包括资源调配、信息共享、运输管理等，并确保相关机构和个人都能在法规框架下行动。此外，还需要建立相应的监督和执行机制，以保证法规的有效实施。为此，需要充分结合区块链技术，建立一个透明、安全的政策法规体系，确保所有操作记录不可篡改，增强应急物流综合指挥系统的信任度和合规性。

4. 建立高效能的应急物流指挥机制

应急物流指挥机制是确保应急物流快速响应的关键。应建立一个层级清晰、职责明确的指挥体系，实现中央和地方的有效衔接。同时，确保每个层级都能根据预定的程序和标准行动，保持指挥的统一性和协调性。在此基础上，还应建立一个全面的评估和反馈机制，以不断优化指挥效率和应急响应能力。为此，应有效集成边缘计算和物联网技术，实现更快的数据处理和更及时的决策反馈。

综上所述，应急物流综合指挥系统是一个涉及多方共同参与构建的大型复杂系统，它涵盖了应急物流活动的所有环节，并提供全面的统一指挥。构建这一系统的基本原则包含先进性、协调性、方便性、开放性和时效性。此系统旨在建立一个高效专业的人才团队，制定应急预案，完善应急物流管理政策法规体系，实现应急物流全环节的高效管理，从而提升应急物流的整体效能，为突发事件的防控提供坚实有效的支持。

第三节 专用的应急物流通信系统

一、应急物流通信系统

（一）应急物流通信系统的功能

应急物流通信系统是应急物流中完成信息传输过程的技术系统的总称。现代物流系统的构成包括自动化、智能化的物流装备，以及通信技术、物流管控系统。其构建要求具备信息化、网络化、智能化、柔性化等特点。物联网技术在应急物流通信系统中的应用，进一步推动了现代物流的信息化发展，使现代物流体系不断完善和发展。

现代物流系统发展过程中，物流信息化是坚实的基础，而其实现离不开通信技术的保障。互联网、移动通信、电子标签定位等通信技术与物流系统的融合，进一步推动了现代物流的信息化发展。

与传统的物流系统不同，应急物流系统不以经济效益为目标，而是追求时间效益的最大化，将灾害损失和不利影响降到最低。这就对现代通信技术和物联网技术在应急物流系统中的应用提出了新的发展目标和要求，包括以下三个方面。

1. 协助建设应急网络数据平台

随着线上线下数据监测技术的不断完善，突发事件的实时采集成为不可或缺的环节。同时，基于物联网技术的应急物流系统可以更好地实现信息的实时传输和互联，提高数据采集的准确性和速度，这为应急网络数据平台的建设提供了有力支持。

2. 协助应急货物仓储管理

物联网技术在应急货物仓储管理中发挥着重要作用，应用 RFID 等技术可以实现对应急物资的实时监测、定位和管理。这有助于提高货物仓储的自动化程度，优化仓储布局，实现时间、空间上的统一协调。物联网技术为应急货物仓储管理系统提供了先进手段，提高了管理的精确性和效率。

3. 协助应急物流运输管理

应急物流运输车辆调度一直是研究热点。为提高车辆利用率，物流车辆定位、监控、调度系统变得至关重要，这些系统能够确保对车辆的动态控制，实现物流车辆的实时定位、监控和调度，因而能有效协助应对紧急情况，提高运输效率。

(二) 应急物流通信系统发展过程

国外对应急物流通信管理的研究主要体现在应急管理信息系统和应急通信网络的建立上。物联网技术在全球范围内得到广泛应用，特别是在应急物流通信方面，提供了更多创新的解决方案。

美国自20世纪70年代以来一直在建设全国性的应急信息传输网络。在"9·11"事件发生之后，美国在其全国各个地区都开始建立政府专网，该网络与互联网进行了物理隔离，欧盟也在较早时候开始关注应急物流的通信系统建立，其在卫星通信的基础上，使用卫星宽带传输技术，构建了应急信息传输架构 e – Risk 系统，该系统可以用来支持灾害管理，实现应急联动。在这些系统中，物联网技术被广泛应用，以实现更智能、高效的应急通信。

日本由于经常发生地震、火山爆发、海啸等自然灾害，为了最大限度降低自然灾害造成的后果，建立了一套完善的应急信息基础设施。物联网技术在其应急通信系统中得到广泛应用，包括了中央防灾无线网、火灾防灾无线网、防灾行政无线网等。这些网络通过物联网技术实现对应急物流的全面监控和管理。

随着我国应急管理法规的逐步完善，我国应急通信系统逐渐建立了国家和省级多层级结构的应急通信指挥体系和管理体系。为了实现信息的统一和协调，我国积极引入物联网技术，构建了高效稳定的应急指挥信息平台。这一平台不仅提高了信息的传输效率，还实现了对应急物流的实时监控和调度。

在应急物流通信系统的发展过程中，我国逐渐吸取了国外的经验和教训，不断推动着应急物流通信系统的建设和完善。国外的研究主要集中在应急信息平台的建立和通信网络的创新上，我国在近年来也在这方面取得了显著进展，特别是在引入物联网技术方面。

二、物联网技术在应急物流通信系统中的应用

物联网是指对任何需要被监视控制、连接、交互的信息进行实时收集，从而实现物与物、物与人的无处不在的连接。物联网技术的发展对应急物流系统产生了深远影响，为应急物流通信系统提供了更多创新的可能性。

事实上，早在 20 世纪 90 年代，麻省理工学院的研究人员就提出了物联网的概念。随后，在 2005 年，ITU（国际电信联盟）发布的一份报告中对物联网的概念进行了详细论述。物联网技术主要在以下三个方面与应急物流相结合。

（一）应急物资 RFID 仓库管理

射频识别技术（RFID）是物联网技术的一部分，其通过无线通信技术实现了对应急物资的实时监测和管理。RFID 可以追踪物资的实时位置，提高入库、仓储和出库管理的效率。物联网技术使 RFID 系统更加智能化，为应急物资的准确管理提供了先进的手段。

物联网技术在应急物资仓库管理中的应用进一步提升了信息的实时性和准确性。应用 RFID 技术，应急物资的入库、仓库状态和出库等信息能够实时传输到系统中，使整个管理过程更加智能、高效。

当前，应急物资储存管理的信息化越来越受到重视。目前，由于 RFID 具有可缩短应急时间，提高物流效率，降低物流成本与进出库错误率，提高物资储存管理的响应能力与库存管理的自动化程度等特

点，其已广泛应用于物资仓储的管理之中。具体而言，RFID 在应急物资储存管理中主要有以下几个功能。

1. 入库管理

物资储存过程中，实现物资信息的自动采集是最基本的要求，而 RFID 具备自动采集物资信息的基本功能。因此，应急物资入库前，可以首先加贴电子标签，之后根据电子标签入库时生成的数据表进行自动分类入库。

2. 仓库管理

为确保应急物资能够快速、高效调动，RFID 需要实时更新仓库数据的执行状态。这包括对救援物资的自动识别、迅速分类出库和实现位置搜索查询。此外，需要特别注意对物资的分配顺序管理。例如，对于灾区急需的物资，可以直接通过配送中心转运到灾区；而对于非紧急的物资，则可以采取战略性储存的方式。

3. 出库管理

RFID 能够对应急物资的流动状态进行自动获取，并且可以对出库物资的电子标签数据进行自动读取和过滤，在对出库物资进行验证之后，系统能够自动更新与该物资相关联的数据库信息。此外，RFID 还可以实现对出境物资的动态跟踪，保障救援物资在运输配送过程中的安全性，并能及时获取救援物资的缺失信息，完成救援物资的快速补货。

（二）应急车辆 GPS 监控

全球定位系统（GPS）是物联网技术在应急物流中的重要应用之一。GPS 可以实现对应急车辆的实时监控和导航，为物流活动提供精准的位置和导航信息。

在应急物流运输过程中，GPS 通过物联网技术可以实时传输车辆的位置、状态和行驶轨迹等信息。这为指挥中心提供了及时的数据支持，使应急物资的运输调度更加精准和高效。

目前，在应急物资调动中，GPS 主要实现以下主要功能。

1. 对应急车辆进行导航

在突发事件发生后，由于不确定性较高，应急物流运输车辆的驾驶员常常面临对灾区道路不熟悉的挑战。为了迅速将应急物资送达指定地点，降低因不熟悉路段而引起的时间损失，GPS 发挥着不可或缺的重要作用。

2. 对应急车辆进行监控调度

在应急物流运输过程中，GPS 可以发送和接收车辆实时定位数据以帮助应急物资的运输调度并提供应急预警信息。结合 GPS 导航定位功能和现代通信技术，指挥中心可实时跟踪应急物资的流动和去向。

3. 对应急路线进行定制

优化行驶路线通常有助于提高物流效率并降低物流成本。充分利用 GPS 可以对车辆行驶数据进行实时分析和处理，超越突发事件引起的各种限制，根据货物的实际行进情况，制定实现最佳路线的方案。

（三）应急物资 GIS 监控管理

地理信息系统（GIS）作为物联网技术的一部分，可以为应急物流管理提供多种功能服务。GIS 可以实现对应急物资和运输工具的空间检索、分析和实时监控。物联网技术的引入进一步提高了 GIS 的智能化和可视化程度。

在应急物流中，物联网技术的支持使 GIS 能够对运力设定、装卸顺序策略选择、运输车辆调度、配送路线选择等进行更为精细的管理和决策分析。

综上所述，物联网技术在应急物流通信系统中的应用推动了系统的智能化和信息化发展。在应急物流中，物联网技术为信息的实时传输、智能管理和高效调度提供了强有力的支持，从而进一步提升了应急物流体系的整体效能。

三、移动互联网技术

（一）移动互联网技术概述

移动互联网技术是一种通信技术，结合了移动接入技术和互联网技术，使人们在无线条件下快速获取信息，扩展了无线终端技术的广泛应用。比如，人们使用的智能手机、平板电脑等可以连接到互联网，这使人们能够快速获取信息、进行娱乐、工作等。随着电子信息技术在近些年的不断发展，网络技术和移动通信技术的顺利结合使移动互联网技术迅速兴起。

与传统互联网或电信网络相比，移动互联网的应用优势非常明显：①方便快捷。用户可以随时使用网络，并且可以同时使用多个应用。②开放性。移动网络服务一般对商业用户、开发者和内容提供商开放，具有较强的开放性。③融合性。由于移动互联网用户的业务需求多样化，并且具有个性化、现代化的特点，再加上技术的先进性和开放性，这就使其有利于多种业务的融合。近年来，移动互联网得到了快速发展，随着 5G 的发展，移动互联网的应用优势越来越明显。

（二）移动互联网技术在应急物流通信系统中的应用

应急物流信息的实时通信是应急物流业务信息化管理的关键。在移动互联网系统中，各类通信技术（如4G、5G等）的广泛应用，使移动业务实现了宽带化，从而为完善应急物流通信系统实时功能创造了条件。

移动互联网技术应用于应急物流领域的标志性技术是 GPRS 技术，它是在全球移动通信系统（GSM）上开发的一种新型承载业务，特别适用于间歇性、突发性、频繁性、小数据量的传输，以及偶尔的大数据传输。GPRS 的理论带宽可以达到 171.2kbps，实际应用带宽在 40～100kbps。基于 GSM 的改进，GPRS 具有三大优势：一是数据传输速度快，可以满足音视频文件的快速传输；二是永远在线，因为建立新连接几乎不需要时间（每次数据访问都不需要建立呼叫连接），它可以随时与网络保持联系；三是按数据流计费，即按传输的数据量计费，而不是按上网时间计费，大大降低了通信成本。

在应急物资配送车辆运输过程中，远程监控平台应实时监控路网中应急物资装载的当前位置、速度、方位和种类，并提供车辆安全、报警信息等相关需求信息。GPRS/GSM 通信模块通常嵌入在车载实时监控终端中，GPS/GIS 系统的集成可以将车辆的位置和速度信息定期发送到远程监控平台，使远程监控中心可以动态定位运输车辆，实现应急响应。物资的动态跟踪管理能够为车辆提供实时准确的导航服务，这包括将能够确定车辆地理位置的电子地图实时提供给监控平台。监控平台可以利用这些实时位置信息对运输路线进行优化，进而用优化结果来辅助决策，实现应急物资和运输车辆在途全程监控管理。

四、第五代移动通信技术（5G）

（一）5G 简介

第五代移动通信技术（简称 5G 或 5G 技术）是新一代的蜂窝移动通信技术。与以往的移动通信技术相比，5G 具有更高的数据传输速率和更低的时延，因而该技术有助于降低成本、增加系统容量并促进大规模多设备连接。

大数据、人工智能、物联网等技术的广泛应用及 5G 的出现与推广，使"智慧物流"概念浮出水面。"智慧物流"强调要使用智能技术和手段对物流系统的智能化和自动化进行改进和完善。物流业的良好发展离不开智慧化的建设，只有实现智慧化才能使现代物流更高效地运行，实现人力等成本的降低，实现人民需求的快速响应和满足。因此，只有高效的利用新一代 5G 技术，才能真正实现智慧物流的愿景。

（二）5G 技术在应急物流通信系统中的应用

1. 应急物流自动化离不开 5G

应急物流的运输方式多种多样，包括铁路、公路、水路、航空和管道运输等，因此其面临在成本、安全性和调度方面的多重挑战。为了提高应急物流的运输配送效率，并确保配送的安全性，同时努力降低成本，全面实现应急物流各环节的自动化已成为亟须解决的重要问题。

应急物流运输配送环节的全自动离不开车联网系统的使用。车联网系统可以在一定车联网环境下，实现自组织网络的建设、车辆数据的实时共享和海量数据的高速传输。而要想实现低时延且高可靠性等高质量性能，则离不开 5G 的应用。5G 主要用于物流、运输和配送中的终端通信，5G 低时延特性可以使应急物流运营端的物资运输车辆状态及实时路况场景与远程控制云端的数据交互和通信实现快速的、无缝的端到端连接，从而提高远程控制中心的调度和规划效率。

2. 应急物流智能追踪依靠 5G 保障

应急物流智能追踪需要在整个应急物流过程中实现全面跟踪和实时监控，主要关注应急物资的储存和运输，包括位置、数量、质量及运输过程中车辆配置等信息。为了更好地实现实时监控和准确追踪，新一代物流追踪系统应充分发挥 5G 的强大特性，如稳定性、超低时延和高速宽带，并结合前沿技术如大数据、云计算和人工智能。这将进一步实现对应急物资储存和运输过程中温度、湿度、损坏程度等因素的实时监控。

基于 5G 的应急物流监控系统需要包括信息采集、数据库管理及 GIS 等模块。其中，信息采集模块主要负责采集各种信息，包括应急物资相关信息、应急物资储存环境感知信息、应急物资运输信息及 GPS 定位信息等。数据库管理模块主要负责应急物资需求和供应及运输工具的基本地理位置信息和物流信息的管理。GIS 主要负责各种信息的统计分析、查询、显示控制和实时监控等内容。在这个过程中，5G 发挥着关键作用。它能够帮助异常问题的及时排查，将异常情况以图片、视频等形式传送到应急物流系统的数据处理中心，并根据系统的分析处理结果，对异常情况进行智能决策和远程智能引导。5G 的应用可以保证应急物流运输的安全性，保障运输过程中应急物资的质量不受损坏，从而实现更加高效智能的新一代应急物流实时监控和智能追踪系统。

3. 应急物流智能化需要 5G 的推动

智慧物流的发展不仅要关注参与者本身，更要关注参与者之间的协调。创新的应急物流智慧模式要更加注重数字化、自动化和智能化发展，实现应急物流各环节的协同化、系统化、一体化管理。

应急物流各环节全过程的系统化、一体化的协同管理，是实现应急物流智能化的关键，而其核心问题在于如何实现全过程数据的处理和数据的共享。解决这个核心问题的关键在于实现对应急供应链中的海量信息和数据的有效存储、准确分析和高效传输，从而提高物流企业和相关应急管理部门的决策能力。

基于 5G 的超低时延、高速宽带和海量接入三大特性，为应急物流智能化模式提供了稳定高效的运行基础，成为解决智能化面临的数据问题的得力助手。这一技术优势使应急物流供应链全过程数据得以高效共享，因为它将物流企业、社会组织和社会公民整合成了一个协同整体。由于实时获取灾区人民的应急物流需求，应急供应链的各环节能够进行即时响应，并且各个环节和参与主体之间实现了协同合作，这样的一体化管理可以最大限度地满足公众需求，实现高时间效率、低灾害损失和低物流成本的智慧化应急物流。

五、星地融合技术在应急物流通信系统中的应用

自 20 世纪 90 年代以来，随着移动卫星通信的飞速发展，移动卫星与地面通信技术的星地一体化研究与实践不断开展。在我国，大部分地区的用户都可以享受到地面移动通信系统提供的便捷服务，但在

少部分山区、沙漠和海域等地区，地面基站设置困难，因此地面移动通信系统很难发挥作用。此时，卫星通信便成了地面通信的最佳补充和延伸方式。近年来，卫星与地面通信的融合技术也得到了迅速和不断发展。

传统星地融合技术在应急物流中的应用主要是利用在移动车辆（如汽车、火车、飞机等）搭载便携式宽带卫星收发设备，实现高速移动下的语音、视频图像传输、数据信息传输和网络服务。然而，在应急物流运输中，面临许多未知情况，包括天气、路况等因素的影响。在大多数情况下，仅依靠传统的地面移动通信系统与指挥中心取得联系是不太可能的。此时，只能使用太空中的卫星获取信息。现有方案中，车载终端与后控中心的通信依赖于 GPRS 等移动通信网络，一旦地面基站损坏，就无法进行远程数据传输。而基于 GPS 的卫星定位功能只能知道前方车辆的位置信息，无法获取更多的实时信息。因此，单一依靠地面或者卫星通信往往容易出现数据传输阻塞的问题。为了解决这一问题，可以在运输车队的中心车辆上装载 DVB – RCS 小型卫星通信设备，利用星地融合技术，可以将车联网收集到的车辆信息及时回传到后方指挥中心，从而让后方了解到前方的实时情况并及时采取有效对策。

当前，随着 5G 的日益发展和不断成熟，卫星与 5G 如何融合发展，也备受关注。

1. 卫星与地面 5G 融合的应用场景

中继到站、小区回程、通信运动和混合多站为星地 5G 融合的四种应用场景。支持这些场景必须考虑的关键因素包括：多播支持、智能路由支持、动态缓存管理和自适应流支持、延迟、一致的服务质量、NFV（网络功能虚拟化）/SDN（软件定义网络）兼容性、商业模式的灵活性等。

2. 卫星在 5G 系统中的作用和优势

卫星网络技术作为 5G 的多址接入技术之一，在需要广域网的工业应用场景中具有显著优势。卫星网络可以在地面 5G 覆盖薄弱区域提供低成本覆盖解决方案，针对 5G 网络中的 M2M/IoT，借助卫星优越的广播/组播能力，为高速移动运营商上的乘客提供无所不在的网络服务，其还可以为网络边缘网元和用户终端提供广播/组播信息服务。

3. "5G 卫星计划"

"5G 卫星计划"由欧洲航天局开展，其目标是积极参与 3GPP 标准化进程，定义 5G 卫星组件及其与其他网络的接口。该项目计划于 2018 年 1 月开工，为期 2 年。ALIX 项目成立了标准化工作组（SSIG），共有来自卫星运营商、5G 服务提供商、5G 技术提供商、地面和卫星部门制造商以及国际机构和大学的 38 名成员。

综上所述，卫星通信具有高覆盖、高可靠性、高灵活性等特点，这些特点可以在一定程度上弥补地面通信的不足。而卫星通信与地面 5G 技术的融合，综合了两者的优势，既提高了服务质量，又降低了运营成本，形成了连接空、天、地、海多维空间的一体化泛在网络通信格局。从技术和市场的角度来看，一种合作共赢的星地融合新模式正在兴起。因此，政府要与相关企业通力合作，抓住当前的宝贵机遇，一起为卫星 5G 产业融合的快速发展贡献力量。尽管目前以 5G 为核心技术的星地一体化模式在应急物流领域尚未得到广泛应用，但参考现有的星地一体化应急物流通信模式及该模式的发展前景，5G 将成为未来的核心技术。这种星地融合模式必将在应急物流领域得到广泛应用，从而提高应急物流的信息传输速率和数据吞吐量。这为未来的应急物流通信体系的进一步完善和创新奠定了基础。

六、海事卫星电话在应急物流通信系统中的应用

国际海事卫星电话业务，是指一种特殊的船对岸、船对船的电话业务，这种电话业务通过国际海事卫星进行连接，具有通话、数据传输和传真、求救呼叫、号码呼叫等多种功能。目前，我国各地均已开通海上卫星电话服务，服务区覆盖了四大海域。

目前，由四代卫星组成的空间网络在移动卫星领域保持了技术先进性和适用性，其中，直拨电话、电传、传真、电子邮件、数据传输、船队管理、船队安全网和应急位置指示器等应用于海上领域；驾驶舱语音、数据传输、自动位置和状态报告及乘客直拨电话等应用于航空领域；车载、便携式卫星电话、传真、数据和位置报告、电子邮件和车队管理等应用于陆地领域。

海上卫星通信系统具有全球覆盖、全天候、便携、移动、宽带通信的独特作用，得到了广泛高度认可，在许多紧急事件中将发挥关键作用。海上卫星移动通信服务作为陆地通信的又一优秀补充和延伸，不仅可为海上和航空用户的商业通信提供便利和解决方案，同时当面临海陆遇险与应急救援时也可提供保障服务。迄今为止，海上卫星通信系统和装备已被广泛应用于政府部门、新闻媒体、远洋运输等领域，特别是在应急救援中发挥了突出作用。例如，在 2008 年汶川地震中，海上卫星通信系统凭借不受气候和地区影响的特点被广泛应用于救灾过程中，为及时了解灾区真实情况并进行信息沟通发挥了重要作用。

通过海事卫星电话的发展历程和应用场景，我们可以看到这一技术在应急救援和紧急通信方面有着显著优势。然而，随着科技的不断进步，未来海上卫星通信系统可能会进一步与其他通信技术融合，提高通信效率和覆盖范围，更好地满足各类应急情况的通信需求。

第四节　应急物流信息系统

一、应急物流信息系统概述

（一）系统定义

在信息时代下，物流信息系统是互联网和物流管理软件的结合产物，物流信息系统是一个宏观的概念，涵盖了物流过程中所涉及的各合作伙伴与供应链之间的信息交互过程（顾自新，2006）。应急物流信息系统由物流技术信息标准通过通信对公开可用的物流信息（交通状况、计费信息调查、不同部门和组织之间的公共资源等）进行支持、总结和分析，从而为政府及相关部门之间的信息沟通提供信息枢纽，促进各平台机构之间的信息共享和整合，为进一步的车辆调度、货物跟踪及运输计划制订等提供决策支持。可见，应急物流信息系统主要用于收集和处理应急物流信息，为社会和企业提供基本信息，并支持信息发布。

（二）应急物流信息系统特征

由于突发事件具有不可预测性和紧迫性，应急物流也具有突发性、不确定性和脆弱性的特点，物流部门无法通过简单的流程学习来应对，必须修改物流行为以根据情况作出决策。应急物流信息系统作为集结物流信息和统筹指挥工作的重要方面，与普通物流信息系统的区别在于它能够实现应急物流的实时控制、应急物资的准确投递以及不同主体间的完美配合。并且，应急物流信息系统也逐渐呈现模块化、集成化、网络化和智能化的特点，具体表现在以下三个方面（杨小春，2017）。

1. 跨地域连接

在应急物流活动中，需求方和供给方通常相距较远，地理上的分离使双方之间的信息流通至关重要。传统的信息传递手段，如信件、电话、短信和传真，已无法满足应急物流的迅速需求。随着信息技术的广泛应用和发展，为了实现异地间数据的实时、无缝传递和处理，物流信息系统的更新变得尤为紧迫。现代化的电子数据交换技术因此成为支撑物流活动的基础和至关重要的前提。

2. 跨部门连接

应急物流信息不仅在供应链上下游之间进行纵向传递，还在各部门之间进行横向交流，而且由于应急物流涉及多部门参与，因而必须慎重考虑跨部门之间的信息连接，实现各部门内外信息的有效沟通。

3. 实时交付更新

在应急物流的过程中，需要迅速获取灾害进展、天气和路况等实时更新的信息。因此，应急物流系统必须具备及时处理和解决信息的能力。只有这样，在紧急后勤活动中，我们才能更准确地应对物流信息问题，实现对信息的迅速分类、计算和存储，进而实现对信息流的有序、系统化处理。

要充分提高应急物流的信息水平，必须搭建完善的应急物流信息系统。应急物流信息系统的构建离不开通信网络基础设施和大数据支撑（关于通信网络的构建在前面的章节中已有具体介绍，在本章中不再赘述）。此外，应急物流信息系统的构建离不开数据中心的支撑，这些数据能够支持特定突发事件相关的应急物流的决策制定。以突发公共卫生事件为例，主要新闻媒体资源包括健康信息数据库、管理决策数据库和护理人员数据库信息。公共卫生基础数据库收集了与事件本身相关的基础信息，可用以描述现实具体状况，因此它是应急物流数据管理的主要信息来源。数据管理决策支持一般是指物流管理部门在具备一定知识的情况下对相关紧急决策确定的支持（应急物流预案、模型），这些信息能够影响决策，其内容相对稳定，能够进行数据挖掘、分析、比较，从而提供辅助决策信息。卫生工作者知识库包括医疗规范的通知、样本信息的创建、各种数据字典和信息的定义。在日常管理中，数据中心必须提供一个信息平台，该平台可以包括数据采集、编辑、结构转换、数据输入、查询、输出等基本数据管理功能。同时，为了启用通信服务，必须收集信息，组织系统，并实现各种服务的接口。

在完善的通信网络和完备的数据中心的基础上，应急物流信息系统的构建可以分为突发事件监控预警、应急物资跟踪与审计以及应急物流信息披露等几个关键部分。首先，突发事件监控预警是系统的第一个环节，对各类突发事件的实时监测和分析有助于及时发出预警，为后续应急物流活动提供信息支持。其次，应急物资追踪与审计是应急信息系统的核心环节，通过对应急物资的全程跟踪和实时监控，应急信息系统可以确保应急物资准确送达目标地点，同时记录和审计整个运输过程，以提高运输效率和透明度。最后，应急物流信息披露是系统的重要组成部分，信息系统向公众披露应急物资的储存、运输等关键信息，可以增加透明度，提高公众对应急物流活动的信任度。这些关键部分的有机结合构建了一个完备的应急物流信息系统，该系统能够在突发事件发生时迅速响应、高效运行，保障了应急物资的及时、有序分发。

二、突发事件监控预警

（一）突发事件监控预警阶段分析

在当今社会，随着各种风险的不断涌现，提升国家对突发事件应对能力已迫在眉睫。自非典疫情暴发以来，我国已开始推动政府改革，着手构建一个多元化的应急管理体系。监测预警机制作为应急救援和处置的基石，要求各职能部门依据法律法规，积极收集、整合、分析信息，并利用线上线下资源，确保相关信息的及时发布。因此，建立和完善突发事件的监测预警体系，对潜在的重大突发事件进行风险预测和评估，并结合领域专家的深刻见解，决策是否实施防控措施，制定风险防控策略显得尤为重要。

为了优化重大突发公共卫生事件的风险管理，推进应急管理体系的建设，我们必须聚焦实际问题，填补监测预警体系中的空白和漏洞。杨宏山在 2020 年的研究中，将突发事件预警分解为三个关键阶段。

首先，对突发事件风险的认知。以新冠疫情为例，在未知疫情发生后，迅速收集数据并进行初步流行病学调查至关重要。这一过程要求疫情区域内的医疗机构收集相关信息，并通过专门的信息上报系统向上级报告，对相关病例进行深入比较、分析、评估，以全面调查和评估疫情的风险状况。

其次，准确评估风险并作出决策。在监测到网络上的紧急信息后，需要对紧迫性进行评估（评估即将发生、正在发生和潜在的危机）。风险调查和判断应基于充分的科学证据及流行病学分析，并考虑事件发展的基本趋势，因此需要构建一个综合性研究和风险评估平台，邀请跨学科专家参与同行评审，确保整个过程不受个人主观因素的干扰。通过集体讨论，专家组综合评估突发事件和疫情风险，为组织制定相应的应对策略提供科学依据。当前，新一代信息技术的进步使人工智能和深度学习技术在风险研判中扮演了重要角色，结合传统的案例分析和专家知识推理方法，为应急决策提供了更为可靠的支持。同时，随着社交媒体的兴起和网民数量的增加，突发事件的舆情风险也成为重要的研究对象。随着舆情管理法治化的推进，网络舆情的风险研判、预测和引导已成为突发事件监控预警不可或缺的一环。

最后，发布风险预警信息。针对新冠疫情，专家组根据对风险的分析与评估，以及对突发的未知原因疫情进行审查，确定是否存在风险，并据此发布预警。在这个过程中，疫情的监测、分析和风险评估主要由专家负责，而政府的职责则是建立健全的信息发布机制，向公众及时发布风险预警信息。

（二）突发事件监控预警机制构建

为了建立一个高效的突发事件监控和预警机制，需要做到以下几点。

首先，关于对突发事件风险的认知，政府决策应当尊重并依靠专家的专业意见，重视他们提供的风险预警信号。应急预警的核心在于及时发布关键信息，这样社区、家庭和个人便有更多时间采取必要的防护措施。同时，必须防范虚假信息的产生和扩散。专业人员、媒体和公共关系部门需要担负起责任，迅速回应，公开透明地提供准确信息和知识。此外，进行风险评估时不仅要依赖普遍的科学知识，还应考虑特定情况下的本地知识和信息。因此，积极吸引跨领域的专家共同参与研究讨论，扩大跨区域的合作模式是至关重要的。只有通过集合各种信息，利用多元化背景的知识，我们才能在应急管理中实现知识的协同和整合。

其次，要不断完善突发事件的预警和决策机制，引入听证程序，以妥善处理那些争议较大的突发事件。在风险管理过程中，应基于专家的科研洞察和专业判断来进行风险评估，然后由政府决定是否发布预警，并决策是否启动社会动员和应急响应机制。专家意见可能在不确定的情况下存在分歧，而听证程序能够有效解决这类问题。

再次，改进目前集中度较高的预警机制，推动权力下放。以新冠疫情为例，应明确地方政府的职责，推进分权，完善制度。遵循属地管理原则，地方政府在发现确诊病例后应及时介入，进行流行病学调查，迅速完成社会动员，实现"早发现、早报告、早预警、早隔离"的防疫目标。

最后，建立预警系统。大多数突发公共卫生事件都具有局部性，因此不同地区的政府面临着不同的风险和责任。基于测试数据、国际和国内情报，地方政府应向社会发布预警信息。为加强地方政府在突发公共卫生事件中的预警责任，应明确预警触发机制，若地方政府未能及时预警，错失治理良机，须承担相应责任。此外，为了建立有效的责任监测制度，需明确地方卫生主管部门与疾病预防控制部门的责任分工。

　　总体来说，在突发公共卫生事件中，必须审慎评估现有的风险研判、预警决策和信息发布流程中的不足。在此基础上，推动权力下放，完善预警机制，督促地方政府增强风险意识，提升预警效率，以此构建一个高效的监测预警系统，减少对社会的影响。

三、应急物资跟踪与审计

（一）应急物资跟踪与审计的起源

　　"跟踪审计"是 20 世纪 90 年代后期在西方国家兴起的，为避免项目风险、提高审计流程的可靠性，便提出了"跟踪审计"的概念，即先查看模型流程，再签署合同并完成审核流程。

　　应急物资的跟踪多基于现代定位、通信基础设施，如地理信息系统、全球定位系统、卫星遥感、计算机通信等先进技术。应急物资跟踪是在物资调度的过程中，对救灾物资进行跟踪及监督，包括物资数量、种类等基本信息，以及出库入库时间，存放地点，运输状态等。应急物资跟踪有助于增加救灾过程的透明度，帮助公众了解救灾物资的运输，也有助于为灾区提供有针对性的帮助。此外，有效利用该系统收集信息和获取信息对于未来应急物流系统的改进也至关重要。

（二）应急物资跟踪与审计模式发展

　　"全程跟踪审计"给应急物流带来的作用是有目共睹的，张颖（2012）总结了以下几点。首先，将全程跟踪审计应用于应急救援物

应急物流体系中的信息基础设施建设与技术应用

资中，确保了应急救援物资的合理有效使用。其次，使用信息技术和检查能力可以提高政府和监管机构的意识，并有意识地减少因各种原因而发生的违规数量。最后，将审计补充到政府的职能中，提升了政府在应急救援中的重要性。总体来说，这一应用更有利于确保突发事件下国民经济和社会的稳定，也有利于政府职能建设，提高公共效益。

然而，重大突发公共卫生事件应急物资跟踪与审计的新模式仍处于发展初期，离成熟阶段还有一定距离，因此在遇到实际问题时，需要根据实际情况进行相应调整和改进。

一般来说，大多数研究人员在审计后将其用于应急物流，并对其所带来的整体效益提升进行了阐述和证实。但当前我国在重大突发公共卫生事件应急物资审计中对跟踪审计的运用还处于发展初期阶段，实际应用中的一些问题仍未解决，大部分文献仅限于理论研究，后续在实际阶段的审计研究还相对不足。尽管研究人员普遍认可应急物资审计的潜在价值，但在将其转化为实际应用的过程中，还需面对一系列挑战。这可能包括信息系统的完善、技术标准的制定、数据共享的合作等问题。因此，对于实际应急物流活动中的跟踪审计，有待于深入研究，以更好地解决实际应用中的问题，提高应急物资管理的效能。

四、应急物流信息披露

应急物流系统一般与灾害事件相关，因此公众会特别注意这一时期的信息发布情况。应急物流系统所涉及的公共信息不同于国家安全信息，应急物流系统所涉及的公共信息量非常大，包括相关政策、资金、时间等因素。因此，为了维持社会稳定，提升公众抗灾信心，必须及时、公开地对相关信息进行披露，这一过程也是对政府信息披露机制的考验和监督。一个健全的应急物流信息披露机制需要做到及时传递灾害信息和救援信息，并向公众普及各种灾害的危害和影响，这对提高全社会防灾信心和促进其防灾行动有积极意义。

除此以外，还要结合适当的教育演练，提高公众在行动和物质方面的自我保护能力。一方面，要公开突发公共卫生事件信息，帮助公众对事业单位进行管控，帮助政府应对突发事件。另一方面，如果公众对各种事故和灾害的发生过程有全面了解，同时又能够掌握一定的自保技能，也有助于提高全社会应对灾害的信心。此外，在应急物流信息披露过程中，有效的监管与存证技术也是不可或缺的，后续的章节将对信息披露机制的构建进行深入介绍。

第五节　应急物资保障系统

一、应急物资保障系统概述

（一）系统特点

突发事件天然具备不可预知性、复杂性和突然性，一旦发生，可能对人们的生命安全和财产造成极大损害，对应急资源管理系统构成极大考验。在此情形下，有效而科学的应急物资保障至关重要，它不仅是应急救援工作的核心部分，而且其效能将直接关系到灾区物资分配的合理性及救援行动的成功与否。这些因素均对灾难后的恢复进程产生长远影响。鉴于此，深入探讨和研究应急物资保障系统，更全面地理解和应对突发事件带来的各种挑战，对于提升危机应对能力，确保公共安全和社会福祉具有至关重要的理论价值和实际意义。

（二）系统发展过程

合理的应急物资保障体系是有效应对突发事件的重要物质基础，也是推动我国应急物流体系建设的关键，它在很大程度上决定了应急物流行动的成败。在发展过程中，我国应急物资保障经历了几个关键阶段。

20 世纪 90 年代初，华南地区洪灾频发，迫切需要对受灾群众的日常生活用品进行保障，这一需求催生了我国应急物资保障制度的建设。1998 年张北地震发生后，我国制定并发行了《关于建立中央级救灾物资储备制度的通知》，全国范围内设立了 8 个中央级救灾物资储备库，标志着应急物资保障体系的初步形成。

之后，非典疫情期间，应急物流的概念应运而生，应急物资保障系统得到了进一步重视，相关的理论研究和实践探索也相继展开。2008 年，我国先后遭受了严重的雪灾和汶川大地震的冲击。这两场大规模灾害对我国的应急物资保障体系提出了前所未有的挑战，同时也引起了社会公众对应急物资保障工作的高度关注。社会意识开始从单纯关注物资本身转变为系统性地关注物资的融资、储存、运输、配送等应急物流问题。政府随后出台了一系列相关政策法规，其中，最为重要的是 2009 年颁布的《物流业调整和振兴规划》。该规划明确了九个重要的应急物流项目和七个专项计划，将应急物流提升到了国家战略层面。

2018 年，国家成立了应急管理部，负责全国范围内的应急管理统筹协调工作，这为应急物资保障系统的建设奠定了有力的组织基础。

多年来，我国的应急物资保障体系在数量、规模、品种等各个方面都取得了显著进展，综合能力显著提升，覆盖了从生产到配送的整个过程。然而，在面对如新冠疫情这样的大规模突发事件时，仍然存在不足，尤其在应急物流过程中，效果常受限于短板。近年的经验显示，物资需求的准确预测和把握是一大挑战。供应过程中，应急物资的数量、种类、质量时常无法精准满足需求，导致保障效果不佳。因此，为了应对这一挑战，需要更为精准和高效的管理及技术手段。

（三）应急物资保障系统建设原则

为构建健全且统一的应急物资保障体系，学术界进行了深入研究并总结出一系列建设原则。

1. 流程精简与透明高效

应对突发事件时，迅速反应至关重要。应急物资保障作为核心响应机制，其首要原则是精确和高效。为实现此目标，必须简化流程，尽可能削减非必要的中间步骤，确保物资的生产、仓储和供应效率最大化。同时，需确保信息的准确性，整合信息资源，消除应急物流各方之间的信息障碍，避免信息不对称导致的资源和时间浪费。此外，严格监控应急物资质量，全面审核追踪物资的需求、收集、储存和配送过程，并及时公开统计信息，以增强过程透明度。

2. 集中管理与统一调度

面对大规模突发事件，需保持全国一盘棋的协作精神，实现对应急物资的集中管理和统一调度。同时，应加强顶层设计，强化体系内的制度支撑，规范应急物资保障流程。这一过程中，必须有法律法规的严格监管和高效的指挥体系，明确各方权责，促进全社会参与应急物流监督。鉴于应急物资涉及多个领域和部门，且供应链环节复杂，需要进行周密规划，推动各方协同工作，建立综合运输网络，优化物资的分散储存和保障。

3. 专业化管理与常态化管理

应急物资保障体系虽需迅速响应，但其建设是一个持续过程。相关部门应将保障系统建设常态化，应重视提升团队的专业水平，强调应急能力的专业化培养；依托科技支持，加强人才培养；增加专项投入，并定期开展应急演练，以提高对突发事件的响应和处理能力。同时，注重应急物资储备的产业化，引导企业参与保障体系建设。在日常物资筹备中，实现"有效储存"与"紧急采购"相结合，常态化仓储管理，科学调整储备种类、规模和结构，确立典型突发事件与所需物资的对应关系，探索结合实物仓储和采购、政府采购与补贴的储备方式。

总而言之，完善的应急物资保障系统应涵盖从应急响应到物资筹备、储存、配送的整个流程。日常管理中需不断改进人才培养、应急预案和物资储备，以确保系统的高效运作。下面我们将对应急物资保障系统的各个环节进行详细阐述。

二、应急物资响应

由于事件本身的突发性和紧急性，有关部门往往难以快速有效地获取灾区物资需求，因此常常会出现物资数量和种类无法满足需求的情况。因此，为提高应急物资保障系统的效率，必须实现对应急物资需求的精准响应。突发事件发生后，需要第一时间启动应急物资响应，该阶段的主要任务是根据突发事件的类型、受灾地区的情况，综合应急预案和应急物资储备情况，制作应急物资需求清单、制定应急物资分配方案，并启动应急物资筹措，具体过程如下。

突发事件发生后，应急物资调度中心应立即向灾区的应急物资库存点发出物资调度申请，应急物资库存点根据提供的应急物资需求表单对库存中的物品进行匹配。如果日常仓储库存不满足灾区需求，则针对所缺的应急物资确定采购订单，启动应急物资筹措过程。应急物资筹措是应急物资保障体系的基础环节，当突发事件发生时，应急物资的需求也随之产生，在进行应急物资的筹措时，要尝试多种方法的互补性结合，传统的应急物资筹措方式主要包括日常采集储备、市场紧急采购、社会捐赠、组织研发和生产等多种途径。

（一）日常采集储备

日常采集储备是应急物资筹措的主要方式，属于事前筹措范畴，主要包括实物储备、资金储备、产能储备和人员储备，以上事前筹措需要由各应急储备中心统一收集管理。在此过程中，无人机和机器人技术可用于监控储备状态和安全，卫星遥感技术有助于评估灾害对储备设施的影响，确保物资的安全和可用性。

（二）市场紧急采购

在突发事件发生后，应进行市场紧急采购，并综合应急物资需求预测和日常采集储备情况，国家会对储备和征用不足的物资实行政府集中采购。例如，汶川地震期间，武警水电分队紧急采购了大量粮

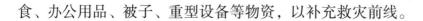

食、办公用品、被子、重型设备等物资，以补充救灾前线。

（三）社会捐赠

一方有难，八方支援，纵观我国历史多起重大突发事件，来自社会各界的物资、资金捐赠是应急物资筹措的重要来源，对应急救援效果产生了重大提升。比如新冠疫情期间，来自社会捐赠的大量口罩和防护用品，为一线防疫人员提供了物资支持。社会捐赠的优点之一就是其在物资种类、数量、运输速度等方面具有很强的灵活性，是应急物资筹措中不可忽视的一股力量。在这个过程中可以充分利用数字和信息技术，如互联网平台和社交媒体，动员社会力量，加速捐赠流程。

（四）组织研发和生产

在特殊情况下，一些突发事件的发生和发展超出人们的认知，这时需要预先进行相关科技研发和生产，以应对特殊性、专用性、难以获取的应急物资需求。以新冠疫情为例，在疫情初期，医疗机构和企业纷纷投入研发新冠疫苗，全力以赴投入疫情防控。组织研发和生产是应急物资不可忽视的来源之一，为应急物资保障提供了特定领域的技术支持。疫情期间，有多个国家成立了相关的应急科研与生产组织，以应对突发事件。

在完成应急物资的筹措后，相关部门和采购商对订单上的物资进行核对和检验，合格后方能准许物资入库管理。入库后，由应急物资仓库管理中心进行需求订单的物资种类和数量的识别和查询，然后指派人员进行物资的分类、拣货和核对。如果发现存在物资不足的情况，则需要进行新一轮筹措。最终确定的出库物资会及时配送至灾区。在这个过程中，受灾地区需要及时向应急物资仓库中心反馈需求信息，以保证实时更新应急响应。

对于数量和品种的核对，如果发现物资短缺，则应当进行细致排查，最终确定出库物资并进行后续的出库作业，确保应急物资及时运往灾区。受灾地区也需要及时向应急物资调度中心反馈信息，以确保实时更新应急响应。这一系列流程有效地整合了研发、采购、仓储、配送等环节，提高了应急物资保障的效率和准确性。

三、应急物资仓储管理

应急物资仓储管理是应急物资保障系统的重要组成部分，在充足的应急物资储备基础上，有效的仓储管理有助于应急物资的快速入库、查询、出库，并基于科学分析，有效识别最优仓库资源配置、降低储存成本，对应急物流决策提供重要支持。

（一）问题分析

目前，我国的应急物资仓储管理系统还不够完善，在应急物资的仓储管理作业上易出现混乱情况。我国目前应急物资仓储体系存在以下问题。

1. 仓库数量少，布局不合理

我国虽然已经设立了多个中央级的国家救援物资储存仓库，但由于国土面积辽阔，现有的仓储数量还远远无法满足应急需求，并且各储存点的布局存在一些不合理性。具体表现为东部和西部的密度不均衡。因此在灾害发生时，许多应急物资距离事件中心地较远，无法在短时间内完成运输，大大增加了运输时间和运输成本，影响了应急处置的效率，这一点在汶川地震实际救援过程中有很多实际案例。

2. 应急物资储备库建设水平较低

我国当前的应急物资库存建设投入资金水平还不够高，导致库存建设相关设备和人员不足，硬件水平普遍较低，包括搬运设备和大型仓库机械的使用水平都不高，不足以满足大规模突发事件对应急物资的需求，专业人才的缺失也阻碍了应急物资仓库的建设进程。

3. 仓储中心应急物资储备无法应对多样化需求

由于我国国土面积辽阔，不同地区地域、环境、文化差异巨大，加之突发事件类型也不尽相同，各类衍生灾害、级联灾害的产生都导致突发事件呈现复杂多样的特征。面对这一特征，应急物资的需求也呈现了多样化特点，不同阶段的救援活动需求有较大不同，而目前我国应急物资储备还暂时无法满足这些多变的实际需求。

4. 应急物资储备不够法制化

合理性、实质性的应急资源管理离不开有效的法律法规的建立与执行。在物资保障过程中，需要建立相关规章制度来规范和监督各级政府和相关组织的权责，合理组织各界力量构建高效应急物资储备体系。

5. 慈善机构管理水平有待提高

目前，我国的慈善机构在管理水平上缺少专业性和透明性，因此国内公民对其信任度不高。相关法律法规存在漏洞，不能严格管控。

综上所述，为实现应急物资储存安全、智能、高效、公开，需要对应急物资仓储过程实现高效管理。

（二）应急物资入库

确保应急物资入库流程的高质量和精确性对于紧急响应和灾害恢复至关重要。这一复杂流程包括物资接收、分类、规格核对及信息更新等关键环节。具体流程如下。

（1）质量检测。当应急物资抵达仓库时，质量控制专家需对其进行细致检查，确保每一项物资都符合标准规范。任何不符合质量要求的物资应立刻退回供应商或送往加工厂以进行必要处理。

（2）信息验证。经过质量检验且合格的物资，需要进行详细的信息核查，确认物资数量、品类和来源等信息的准确性。一旦核实无误，物资会被贴上标签，明确标记其紧急级别和任何特殊的处理需求。

（3）分配储存位置。根据物资的种类和已贴标签的信息，仓库管理团队会为每种物资指定一个最合适的存放位置。这种精心的分类和储存策略能够确保仓库的运营效率和物资的快速调度。

（4）物资运送。物资被安全地搬运至指定的储存位置，为即将到来的物资管理和分发做好准备。

（5）信息录入系统。所有关键信息，包括生产日期、有效期限、供应商详情和物资规格等，都会被录入应急物资管理系统中。这就确保了能对物资进行实时跟踪和精确管理，为快速响应提供了坚实的信息支持。

这些精心设计的步骤可以保障应急物资的入库流程既严谨又高效，确保在紧急情况下能够迅速而准确地提供所需物资。

（三）应急物资分类与储存

应急物资的分类与储存是应急物资仓储管理中非常重要的一个环节，是应急物资质量保证的重要环节，同时对于降低库存管理成本，提高仓储服务水平具有重要意义。

1. 应急物资分类标准

应急物资的需求具有及时性、有效性、季节性、复杂性等多方面的物资特性，同时也会受到网络化、动态博弈等物流特性的影响。在仓库管理中，应急物资的分类一直是研究的关键焦点。

高彦龙（2014）提出，应急物资的范围不仅包括应急装备物资和应急救灾物资，还涵盖了库存物资、在建工程物资、供应商库存物资及紧急采购物资。他将应急物资的储备方式划分为实物储备、联合储备和动态周转，以满足不同应急场景的需求（见表 6－1）。

表 6－1　　　　　　　　　应急物资储备方式

物资储备方式	定义及范围
实物储备	我国当前最常用的储备手段，应急物资在采购完成后，直接存入应急仓库中，按照物资管理标准进行统一管理，并定期进行质量检查、仓库维护和信息更新
联合储备	一种新型储备方式，与供应商达成合作关系后，将应急物资直接放到供应商仓库中进行储存。适用于数量少、价值高、生产维护成本较高的物资，联合储备可以有效降低应急仓库的储存成本
动态周转	动态周转一般应用于易消耗、价值低、生产方便的物资，诸如电缆电线、五金器具等，通常以在建工程形式，处于时刻使用的状态中，动态周转也有利于降低应急仓库的储存成本

赵冉（2014）对应急物资进行了更为详细的分类，包括分类标准、区域要求、需求状态、市场重要性和复杂性、存在的优先级、需求和要求等方面。这种详细的分类体系有助于更好地理解应急物资的复杂性和多样性。

在《应急物资分类及产品目录》中，将应急物资按照用途分为13个大类，即防护用品、生命救助、生命支持、救援运载、临时食宿、污染清理、动力燃料、工程设备、器材工具、照明设备、通信广播、交通运输、工程材料（见表6－2）。

表6－2　　　　　　　　　　　应急物资分类

分类	具体物品
防护用品类	防护服、防毒面具、手套、安全帽（头盔）、水靴、呼吸面具等
生命救助类	止血绷带、救生衣、防护网、氧气机、生命探测仪等
生命支持类	便携呼吸机、高压氧舱、洗胃设备、输液设备、输氧设备、急救药品等
救援运载类	隔离救护车、隔离担架、医疗救生船（艇）、降落伞、救护车、救生飞机等
临时食宿类	炊具、餐具、供水车、瓶装水、压缩食品、罐头、帐篷、棉衣、棉被、宿营车等
污染清理类	消毒车、喷雾器、垃圾焚烧炉、垃圾箱、消毒车、杀菌灯、消毒杀菌药品、凝油剂、吸油毡、隔油浮漂等
动力燃料类	发电车、燃油发电机组、电线杆、工业氧气瓶、煤油、汽油、干电池等
工程设备类	推土机、挖掘机、铲运机、工程钻机、翻土机、抽水机、鼓风机、吊车、叉车、切割机、气象雷达、拖车、消防车、灭火飞机等

分类	具体物品
器材工具类	绞盘、滚杠、千斤顶、手锤、电钻、电锯、液压剪、灭火器、防水望远镜、潜水镜、普通五金工具、绳索等
照明设备类	手电、矿灯、风灯、潜水灯、探照灯、应急灯、防水灯等
通信广播类	海事卫星电话、电台、移动电话、对讲机、有线广播器材、扩音器等
交通运输类	舟桥、钢梁桥、越野车、沙漠车、摩托雪橇、气垫船、沼泽水橇、直升机等
工程材料类	帆布、苫布、防水卷材、型钢、薄钢板、钢丝、上下水管道、混凝土建筑构件、纸面石膏板、水泥、砂石料、麻袋（编织袋）、铁丝网、铁丝、钉子、铁锹、抽水机组等

但随着应急物资的内涵在实践中不断丰富，新的应急产品与装备不断涌现，应急物资的分类和目录也在不断完善。《应急保障重点物资分类目录（2015 年）》将应急保障重点物资划分为四个层级。第一层级是按照应急保障工作的重点分为现场管理与保障、生命救援与生活救助、工程抢险与专业处置 3 个大类，第二层级是按照不同的应急任务进一步分解为 16 个中类，第三层级是按照主要作业方式或物资功能细分为 65 个小类，第四层级是若干重点应急物资名称。

2. 应急物资分类方法

基于前文分析可以发现，应急物资的种类和数量相当复杂，并且各种不同应急物资的储存方式和成本各不相同，因此需要统一的应急物资分类管理。这意味着应急仓库管理中心需要对各种应急物资都有一个全面了解，然后再采用科学、节约的方法对其进行分类，以提升应急物资的储存效率。

（1）模糊聚类分析。聚类分析的核心思想是通过衡量事物之间的属性接近度来判断其相似关系，并基于聚类中心实现分类。针对这种类型和数量无法提前明确的样本，模糊聚类分析具有良好的分类效果，该方法是构造模糊矩阵，并计算各样本之间的隶属度，再确定分类关系，是一种比较理想化的物资分类方法，适用于给定样品的类型数目未知的情况，但是当货物种类和数量上升到一定程度时，具体的可操作性不强。

（2）层次分析法。层次分析法属于多属性决策方法，其核心思想是采用定性和定量分析的方法，将复杂问题层次化，再分别构建各层次之间的判断矩阵，基于判断矩阵进行层次排序和一致性检验，得到各因素的分类权重。该方法的决策过程短，操作简便，可实现自动化，适用于结构较为复杂、决策准则较多，且不易量化的分类问题，同时可以将决策者的历史经验和判断进行量化，具有较高的实用性。

（3）ABC 分类法。ABC 分类法也是常见的应急物资分类与储存方式之一，其核心思想是"重点管理"，即把握事务主要矛盾，提升仓储效率。ABC 分类法主要根据"占总存货资金的比重"和"占总存货的比重"两个指标，按照重要程度将入库的物资分类 A、B、C 三类。其中，A 类存货重要性最高，一般是数量少但价值高的物资。B 类存货次之，C 类则是相对不紧急的物资。ABC 分类法操作简单、应用广泛，是当前大部分仓储中心采用的物资分类方式。

以上传统的物资分类方法既不能准确反映物资需求的紧迫度，也没有考虑到物资采购的难易度。因此，在应急物流物资储存过程中，往往将多种分类储存方法结合使用，以提升应急物资储存分类的效率，降低成本。

（4）应急物资出库。应急物资的出库与入库相同，也要严格遵循相应流程，具体包括：当有应急物资需求时，应急物资调度中心会将应急物资需求发送到离灾区最近的仓储管理中心。仓储管理中心接收需求订单后，进行核查和验证。确认订单无误后，生成应急物资发货清单。仓库管理人员根据发货清单确认应急物资的数量、种类、存放位置等相关信息。在确认信息无误后，进行拣货和卸货操作，确保提取的物资符合需求订单。并在出库前完成最终检查，以确保准确无误，此外，所有出库过程中的物资变动同步更新到仓储管理中心的信息系统中方便验证。当面临大量的需求订单时，要对应急需求订单进行重要性排序，以提升应急效率，最大化提高物资利用率。

第六节 应急物流配送系统

一、应急物流配送系统概述

应急物流配送系统是应急物流管理的核心环节，其在紧急情况下的高效运转对于降低成本、提升服务效率和满足需求至关重要。面对诸如新冠疫情这样的紧急情况，应急物资配送的挑战主要集中在"迅速响应"和"应对混乱"。

"迅速响应"体现在疫情的快速扩散速度，任何延迟都可能导致无法估量的生命和财产损失。在这种情况下，时间效率成为应急物流的首要目标，即使代价是增加成本，也要确保物资能够尽最快速度送达受影响地区。"应对混乱"则反映在多个层面。首先，灾害的发生本身就是不可预测的，这包括受灾地区的具体位置、事件的发展趋势、持续时间，以及各种不可预知的环境因素，如道路状况、交通工具和基础设施等。其次，物资本身的管理也存在不确定性，包括紧急情况下物资的种类、数量和储存条件等。

新冠疫情期间，由于应急物流系统出现混乱问题而引发了一系列严重事件，这充分说明了应对这种"急"和"乱"的混乱局面是一场严峻的挑战。因此，构建一个既能迅速响应又能有效管理混乱局面的应急物流配送系统，对于确保物资能够及时、准确地到达需要的地方具有极其重要的意义。

综上所述，基于应急物流业务分析，应急物流配送系统的建设重点包括以下三个部分。

1. 配送信息系统建设

配送信息系统在前期的库存管理和后期的配送信息管理中都发挥巨大作用，数据的透明度决定了决策的科学透明度。因此，配送信息系统的建设是应急物流配送系统建设的关键。

接收物资的部门（红十字会和其他慈善机构等）应建立一个开放的平台，收集和分发应急物资的需求信息，包括规格、数量等，使捐赠单位和个人能够有一个正规、透明的渠道进行物资捐赠，防止出现物资捐赠不当的问题。未来，配送信息系统应该着重设立此类应急物资信息处理平台，用来接收灾区的各种需求信息，通过对信息的快速整理分析，形成统一需求并妥善公布给社会大众，在分发过程中，要格外注重信息处理和发布的准确性及数据需求的准确性。

在物资配送的关键流程中，配送信息系统扮演着至关重要的角色。通常，分布在不同地区的配送中心需要独立进行物资统计。当应急物资送达配送中心后，除了进行标准的清洁、登记、分组和入库操作外，还必须执行专为应急物流设计的物资分配任务。鉴于应急物资的数量有限且无法同时满足多个区域的需求，如何有效地利用有限资源来积极响应灾区各地的迫切需求，成为应急物流配送需要解决的核心问题。这不仅对配送信息系统的功能提出了更高的要求，也表明了配送信息系统在整个配送过程中的重要性。为了进一步提升应急物流配送的效率，我们可以考虑融合现代技术，如无人机和机器人。无人机能够在交通受限或危险情况下，快速将小型物资送达灾区。机器人则可在配送中心内承担物资的搬运和分拣工作，减少对人力的依赖，并提升了作业的安全性与准确性。在信息系统的强大支持下，无人机和机器人等先进技术的应用，不仅确保了物资配送的精确性和及时性，也极大地提高了资源的利用率，这对于满足各种紧急需求、提升应急物流配送系统的整体性能至关重要。

为了避免过度需求对常规需求造成冲击，配送信息系统必须具备评估订单合理性的功能。此外，在物资分配方面，建立一个科学的分配模型是必要的。这一过程需要专家的深入参与，他们将自己的专业知识与最新的信息技术相结合，如高效的人机协作，制订出高效且科学的分配计划。考虑到突发事件本身的不确定性，配送过程中的不可预测性，配送信息系统需要能够追踪每一个订单，并进行实时的路径规划，以确保应急物资能够顺畅地配送到位。

2. 配送团队建设和管理

应急物资的配送对人员的专业水平提出了很高的要求，建立一支专业队伍来对国家级应急物流配送进行维护、管理是十分必要的。这样做可以使专业的人做专业的事，提高投入产出比，对关键时刻的应急响应和损失缓解具有重要意义。

在应急物流配送团队的建设和管理过程中，非常困难的任务之一便是人力资源的管理。由于应急物流配送可能会遇到更多突发的问题，如何解决突发状况，如何实现配送时间效率的最大化等专业问题很难在短时间内由培训完成。解决这些问题的专业能力需要依靠不断学习及课程迭代来确保参训人员能够满足要求。此时，可以基于军民共建理念，最大限度实现人力资源的整合和利用。在常态情况下，应急物资配送专业团队的人员可以去负责处理日常的业务问题，一旦发生突发事件，这些专业人员要准确地解决应急物资的配送需求。

3. 新兴技术引进

应急物流配送系统是在紧急情况下确保物资快速准确送达的关键基础设施。这一系统的适应性体现在其能够在突发事件发生时迅速从日常运营模式切换到应急模式，以应对订单信息来源和信息准确性的变化，以及货物到达和储存方式的特殊需求。为了保证系统的灵活性和稳定性，不仅需要技术的支持，参与人员的灵活应变也同样重要。在拣选、运输和配送等环节，系统应支持多种操作模式，并能够在必要时全天候运行，确保在复杂多变的情况下也能保障物资的及时送达。

自动化和无人化技术在物流领域的迅速发展，为应急物流配送系统带来了重要的变革潜力。尽管存在对自动化的安全性和适应性的担忧，但其在提高响应速度、运输和储存效率方面的优势已被广泛认可。采用先进的技术手段能够将系统故障率降至最低，自动化和无人驾驶技术的未来在应急物流中仍然光明。特别是在恶劣环境下的自动化无人操作，如福岛核事故和汶川地震的救援行动，以及新冠疫情期间的防疫物资无人分配，都凸显了这些技术在提高安全性和可操作性方面的巨大潜力。

在这一背景下，人工智能、时空大数据、新一代通信技术及无人机和机器人等关键技术的应用，对于提升应急物流配送系统的性能至关重要。人工智能能够通过算法优化提高决策质量，时空大数据有助于在动态环境中进行精确的需求预测和资源配置。新一代通信技术，如5G网络，可以保证信息传输的即时性和可靠性，而无人机和机器人技术则在无法人工到达或高风险环境中发挥着不可替代的作用。

由于应急物流配送系统涉及广泛的网络结构，并需要兼顾多方利益，因此构成了一个复杂的多目标优化问题。相关的设施选址和车辆路径规划问题已成为学术研究的热点。

综上所述，应急物流配送系统在数字基础设施建设中占有举足轻重的地位，其对信息化、管理水平和先进技术的应用提出了更高的要求，以确保在面对紧急情况时的高效响应和物资配送。

二、应急设施选址规划

对应急设施的合理选址能够显著提高应急服务的质量和效率，在突发公共卫生事件领域具有重要的研究意义。通常情况下，重大突发事件如台风、地震、洪水、不明传染病等，往往毫无预兆，但会对个人和社会带来重大影响，也是对应急服务的重大考验。为了能够充分利用有限的应急物资，满足应急需求，降低事件损失，需要由当地政府部门组织建立物资分发点或设施调度中心，如材料仓库、物资配送中心、急救中心、救护站等。一些复杂设施需要在突发事件发生前进行规划和设计。如果没有在合适的地点建立应急设施，或者应急设施使用不当，将会大大增加应急成本，影响服务质量。因此，应急设施的选址一直是应急物流的研究热点。

（一）应急设施分类

应急设施分类相关问题最早可以追溯到 1909 年由 Weber 提出的"第一家商店选址问题"，其确定了这类问题的目标：找出一个谷仓和一组顾客之间的最小距离。此后，大量学者针对应急设施选址的理论和实践展开了研究。该类研究考虑了各种突发事件的特点，针对应急设施的位置提出了模型及其最优化方法。应急设施应根据网络失效、道路设施丧失、服务能力下降、需求不明确等应急情况而定。因此，有必要分析应急设备的细节，分析具体情况。

1. 设施时效性

应急设施根据其用途可分为永久应急设施和临时应急设施（曹琦，2019）。永久应急设施是指长期建立在一个固定地点的设施，通常处于暂停服务的状态，仅在发生紧急情况的条件下，这些设施才迅速投入紧急服务。永久应急设施属于事前规划范畴，需要对事件发生情况进行预测和分析，并在此基础上作出应急设施选址决策。临时应急设施的构造相对简单，不是永久性的，而是通过快速分析，暂时用于某些应急需求地点的设施，其对选址的要求较高。

2. 设施应用领域

突发事件发生后往往会出现大量伤员，因此，应急医疗设施往往包括救护车站点、供血站等。其中，救护车站点主要负责紧急医疗救治和伤病稳定患者的转运，是除辅助医疗外的大型医疗设施的一部分。关于救护车站点选址问题的研究，现有研究的目标主要集中在优化救护服务的灵活性、快速性、服务范围、救治率等。

应急物流设施主要有应急仓库、配送中心等。应急仓库主要负责对物资进行提前储存和配送，关于应急物流设施的选址问题则要兼顾配送范围和上下级仓库之间的分发配合，属于人道主义物流范畴。

防灾减灾的挑战是在发生灾害时能够将许多受害者转移到避难所，防灾减灾设施的选址则要着重考虑周边的道路交通情况，力求能够帮助民众短时间内迅速疏散转移。

（二）应急设施选址问题

1. 基本选址问题

（1）最大覆盖问题和集合覆盖问题。最大覆盖问题通常需要预先确定应急设施可覆盖的最大服务区域，然后在该区域范围内，以能够最大限度满足覆盖需求为目标，选择应急设施的具体位置。最大覆盖问题的重点在于对所覆盖区域内的需求点进行优先级的排序。集合覆盖问题的目标在于覆盖拟请求的所有站点，同时最大限度地减少安装次数，集合覆盖问题的重点在于对设施建设数量和成本的控制。

（2）基于中值的问题。基于中值的问题的目标在于使需求点与指定设施之间的加权平均距离（时间）成本最小，首先需要选择应急设施的候选地点，之后进行选址。具体来说，基于中值的应急设施寻址包括以下两类。

① p – 中值问题，在不超过设施最大服务水平的情况下，最小化设施覆盖的每个需求点到设施的加权平均距离，这是设施选址中研究

较多的问题之一。

② 固定收费设施的选址问题，其与 p - 中值问题密切相关，得到 p - 中值问题最小化设施建立和服务的总成本之后，继续寻求最小化建设和搬迁设施的开销。

2. 动态选址问题

基本选址通常适用于静态选址问题，然而在现实中，由于环境、需求、服务成本和效率往往是动态变化的，选址可能是一个持续和长期的决策过程。因此，需要考虑动态选址问题。该类问题将决策过程划分为不同的时间阶段，根据每个阶段的参数变化对选址决策进行更新和调整，从而实现决策的科学性。这时，涉及时空影响因素，因此需要构建时空动态模型进行求解。

3. 随机选址问题

在多数情况下，选址问题的影响因素是不确定的，包括需求不确定、仓库容量的不确定、服务对象不确定、设施占用不确定、运输车辆不确定等。这些参数可能出现在目标中，也可能出现在约束中。这需要将确定性问题进行扩展，引入不确定性参数来对选址模型进行随机优化。

4. 鲁棒选址问题

当每个因素的概率分布都未知时，存在鲁棒选址问题。这时，需要在模型中引入不同的离散场景来反映不确定性。根据调查的应急物流中心的位置及相应的物资运输路线和运输量，将灾区（需求点）的物资需求、运输成本和运输时间等不确定因素纳入了考虑范畴，建立了鲁棒应急物流中心选址优化模型，其目标在于最大限度地降低总救援成本和救援时间。

（三）问题求解算法

局部模型需求的最佳解决方案一般分为两类：精确算法和不充分算法。精确算法可以为租赁问题提供更好的解决方案，并且相对容易适应场景。然而，随着需求案例复杂性的增加，局部选择的规模也在增加，很难获得正确算法的最佳解决方案。基于本书内容性质，在这里只对应急设施问题进行介绍，相关的复杂算法在这里不做过多阐述。

三、应急配送车辆选址—运输路径规划

（一）问题定义

位置配送问题（LAP）和车辆分配路线问题（VRP）是应急物流配送系统优化过程中需要解决的两大问题。然而，由于应急物流需求的不确定性，加之我国地理范围巨大，选址与运输作为应急物流系统运行中两个密切相关的环节，其互相影响程度日益增加，现实情况中往往需要将两者结合起来加以考虑，这就形成了复杂的选址—路径问题（LRP）。

选址—路径问题（LRP）可以描述为：由一组客户和一个候选配送中心组成的配送系统通过确定配送车辆在配送之间的行驶路线来确定候选配送中心是否开放。其需要满足多个客户的需求，从而实现最高目标（杨梦诗，2019）。

LAP 不需要考虑路径规划问题。它的模型假设送货车辆会从起点直线到达目的地，然后返回到原来的道路，所以它的路径可以抽象地

理解为从设施到每个需求点的射线。而 VRP 是在已知的分销设施和需求点的情况下进行的，其重点是不同配送路线的比较，包括成本和效益目标。LRP 结合了这两个问题的特点，在规划运输路线时，确定最终配送设施具体要安装在哪几个候选位置上。Hokey Min 等（1998）对选址—路径问题进行了详细分类。

（1）物资流向。按照运输物资的去向可以分为双向物品流向和单向物品流向两类。

（2）供/需特征。按照运输物资的供需特征可以分为随机型和确定型两类。

（3）设施数量。包括单一设施和多设施两类。

（4）运输工具数量。运输工具指的是为某一物流配送服务配置的车辆数，可分为单一车辆和多车辆两种。

（5）车辆装载能力。具体可分为有容量限制和没有容量限制两种。

（6）设施容量。根据运输车辆、仓储中心的容量情况可分为有容量限制和没有容量限制两种。

（7）设施分级问题。LRP 按设施分级可分为单级设施问题和多级设施问题。单级设施问题指的是所有设施的重要性相同，属于同一级别，而多级设施问题中存在总站和中转站的区别，每个站点有不同的运输作用。

（8）计划期问题。具体包括单期间问题和多期间问题。

（9）时间限制。具体分为有时间限制（紧急时间限制）和无时间限制（宽松时间限制）。

（10）目标数量。LRP 按目标数量分为单目标问题和多目标问题。

常见的目标包括总费用最小化、运输时间最小化、顾客满意度最大化等。多目标问题中的各个目标的实现可能存在冲突，需要衡量各目标权重进行解决。

（11）模型数据类型。LRP 按模型数据类型分为实际算例类和模拟算例类两种。实际算例类模型涉及的数据可在实际生活中得到，可对模型进行基于现实的评估。模拟算例类模型涉及的数据无法实际获得，需要预先假设。

综合国内外选址—路径规划问题相关研究，并结合应急物流事件特征，可以将应急物流配送系统选址—路径问题描述如下：在某次应急物流配送活动中，给定一系列需求点及设施点的候选点，在这些设施点的候选点中进行配送点选择，并确定从各个配送点到需求点的运输路径，其目标在于覆盖所有需求点的同时，满足应急物流的时效性，降低经济成本。此外，由于应急物资的运输往往伴随安全事故隐患，诸如道路损坏、路线拥堵等问题。因此，建模时往往需要引入时间窗，建立基于道路交通状态系数的路径概念，并将时间效应因素和路径条件作为该问题的关键因素。

（二）问题求解算法

1. 精确算法

该类算法基于数学理论和算法，通过严格推理和计算得到最优解。其中，精确算法是最常见的方法。尽管精确算法在解决问题时表现出色，但在面对大规模计算问题时，其难度呈几何级增长，对存储空间和计算时间的需求也很高。考虑到当前突发事件呈现大规模、复杂多变的非常规边界性特征，使用精确算法解决大规模优化问题几乎是不可能完成的任务，尤其是在现有的计算能力下。

因此，为了应对这一挑战，启发式算法成为更为实用的解决方案。启发式算法通过在可接受的时间内找到较好的解决方案，弥补了精确算法在大规模问题上的不足。这种方法在面对复杂的实际问题时表现出色，更符合当前突发事件管理的需求。

2. 启发式算法

LRP 由两个复杂的任务，LAP 与 VRP 组成，均为 NP – HARD 问题。在处理这种情况时，启发式算法可以发挥重要作用。启发式算法首先在状态空间中搜索位置，根据预设的模型目标评估初始解，然后从该位置继续搜索，直到找到满意解为止。该算法的核心在于总结过去的经验来寻找搜索方向，缩小搜索空间，从而有效地得到相对满意的解，而不是一味地追求最优解，从而提升模型效率。一些常见的启发式算法包括两阶段法、费用降低/插入算法、路线扩展交换算法等。这些方法在解决 NP – HARD 问题时展现了出色的性能。

第七节　智能多方应急物流协同系统

一、智能多方应急物流协同系统概述

（一）应急物流协同定义

协同作用是指不同资源或个体为达成共同目标而进行的协调合作过程。康德曾提出，协同是主动与被动因素相互作用的体现，是系统内部成分通过相互协作与调和，共同推进事物向积极方向发展的动力。在这一过程中，所有参与方都能从协同合作中获益并增强整体实力。简言之，协同效应会使系统内部各属性互相促进，从而让整个系统朝着更加积极的方向演进。

应急物流系统是一个规模庞大且流程复杂的网络，它涵盖了应急物资的采购、储存、运输、流通和配送等多个区域物流环节。这一系统不仅涉及物流部门，还包括诸如交通、工商、规划、税务、海关等政府机构，以及信息流、政策法规、人员技术和设备等多个方面。它是一个动态的有机整体，其中的各个要素、环节和实体需紧密协作和协调，以实现共同的目标。

为了提高应急物流系统的整体价值和效益，需要构建一个智能化的协调系统和协同机制。这样的系统旨在优化应急物流参与各方的统筹规划，确保供应链从供应商到需求方的一体化运作，并建立稳固的供应链合作伙伴关系。这种方式不仅能推动应急物流规划、政策、标准、组织管理、设施网络和信息的统一化，还能进一步满足个性化需求，提供大规模定制化的应急服务。这样做将大幅提升应急物流的效率，并为所有参与方带来显著的经济效益，实现多赢的局面。应急物流协同运作关联分析如图 6 - 3 所示。

（二）协同效应

传统对应急物流的优化仅针对技术层面，而协同物流的提出和应用，使应急物流领域开始强调多方合作的重要性。

1. 规模经济效应

协同的核心在于"1 + 1 > 2"，即规模经济效应。这一效应的实现与企业的储运过程相关。人们发现，供应链合作伙伴在仓储和运输方

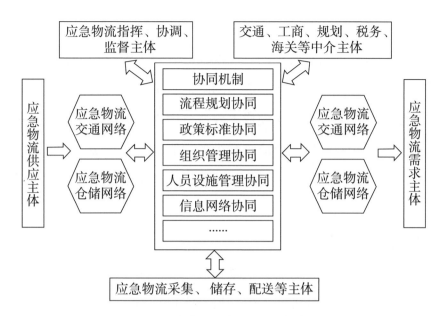

图 6-3　应急物流协同运作关联分析

面的协调合作，能够发挥彼此优势，可以在投入不变的情况下，大大降低应急物流成本。

2. 范围经济效应

范围经济效应是一种经济现象，它表明整合多个不同的企业和政府部门参与应急服务能够扩展应急物流的业务范围，并建立高效的协作机制，从而实现在更广泛的服务范围内降低成本、提升服务质量。这一效应在应急物流的各个环节都有所体现。

（1）在仓储环节，通过建立共享仓储中心，多个组织可以共用储存空间和资源，减少空置和重复建设的成本。

（2）在加工环节，组织间共享人力资源、技术和设备，可以提高生产效率，降低单个组织的投资和运营开支。

（3）在配送环节，多个组织共同承担配送任务，可以优化物流路线，减少重复配送，实现运输成本的下降。

范围经济与规模经济虽然在降低单位成本这一目标上存在共同点，但它们的侧重点有所不同。规模经济着眼于通过增加投入规模来分摊固定成本，实现单位产品成本的降低；范围经济则侧重于通过业务多样化和跨领域合作来实现成本效益，即在提供多种不同服务的同时，通过共享资源和协同效应来减少各项服务的单位成本。这种多元化合作的经济效益，对于应急物流系统的构建和优化具有重要的战略意义。

3. 管理协同效应

管理协同体现在应急物流的各项业务中。由于管理技能的可传授性，规范化管理对整体业务的效益提升不可估量，具体包括在企业基础设施和财务、法律、会计及人力资源管理等活动中形成的管理协同。

4. 学习效应

学习效应是指通过多次历史应急活动，形成经验积累，并通过学习、传授活动实现新价值的创造，从而提升服务质量、降低单位成本。学习效应是应急物流协同的核心优势，学习效应能够促进应急物流各环节的经验交流分享，降低学习成本；促进参与者对整个应急物流过程的全面了解，有利于创造新的协同机会。

（三）应急物流协同机制

接下来对应急物流协同机制的具体构成进行分析。应急物流协同机制涉及大量物流主体和物流要素，因此其协同规划也应当涵盖应急物流全过程，需要分阶段分层级地推进协同工作。周凌云（2011）根据应急物流战略目标，将对应的协同机制划分为四个

不同的层面：外部层面、政策层面、管理层面和操作层面，其优
先级从高到低，高等级的协同需要以低等级协同作为前提，低等级
的协同需要在高等级的协同指导下进行。应急物流体系的协同层面如
图 6-4 所示。

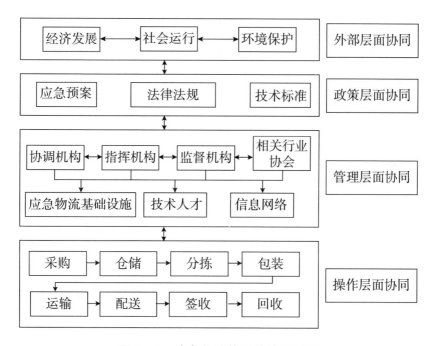

图 6-4　应急物流体系的协同层面

1. 外部层面协同

应急物流作为一个复杂系统，其内部通过人员、信息、技术、物
资、能量或资金等方式与外界进行各种交互。因此，作为应急物流协
同制度的最高层目标，应急物流的运作应当与国家经济发展、社会运
行、环境保护紧密关联，遵循可持续发展原则。

2. 政策层面协同

应急物流活动的开展需要权威政策和规章制度的指导监督。因此
在这一层面，要充分发挥协同效应的作用，在制定应急预案、法律法

规、技术标准时，应协同多行业专家意见，为应急物流协同体系构建提供政策保障。

3. 管理层面协同

应急物流体系的管理主体包括协调机构、指挥机构、监督机构和相关行业协会等，各主体部门管理层面协同需要既保有相对独立性又兼备相互作用关系，管理层面协同的内容就是协调上述机构，共同构建应急物流基础设施、培养技术人才、构建信息网络，为应急物流运作提供物质基础。

4. 操作层面协同

即针对采购、仓储、分拣、包装、运输、配送、签收、回收等物流操作环节的协同，其遍布应急物流体系的各个环节，是整个物流协同最基础的部分。该层面的物流业务协同主要以降低成本、提升效率为目标。

应急物流协同机制是应急物流有效运行的保障，同时，优良的协同机制离不开行政调控、法律保障、资源整合和信息共享等建设原则。促进多环节协同不但可以提高应急物流效率，还能有效降低社会总成本，是未来应急物流领域的重点发展对象。

二、应急物流信息协同

在应急物流服务中，多方协作是不可或缺的，涉及运输市场、运输活动、交通市场、政府部门、企业用户及运输基础设施等多个方面。一个健全的物流网络合作体系不仅能提供高质量的资源服务，还有助于实现信息的透明化和共享化。第一，信息协同中心能够在平台上发布应急物流的供需信息，确保信息的广泛传播和接收；第二，物流企业能够与政府部门协作，确保物资的及时运输和配送；第三，公众也可以通过信息协同网络了解救灾进展，并向相关部门及时反馈意见，有助于公众发挥监督和参与作用。

应急物流信息协同的核心目标是促进信息资源的共享与高效利用。这些信息资源不仅包括与应急救援行动直接相关的数据和信息，还包括信息传播的渠道和技术手段（如报刊、广播电视、互联网平台），以及对次生灾害和衍生灾害的预测信息。政府和相关部门需要及时向应急物流的参与者传达这些信息，并确保他们有权利处理信息资源，以便做出恰当决策，合理配置资源，并动员社会各界力量共同应对灾害。

推动应急物流信息协同的发展也是构建应急物流信息系统的关键一环。现代科技管理与信息技术相结合，有助于收集和处理社会物流公共信息（如交通流的背景信息、物流枢纽的货物追踪信息、政府部门的共享信息等），实现信息流的协同处理和价值再创造。这不仅提升了整个物流过程的运作效率，降低了成本，还增强了物流企业的业务能力和政府应对突发事件的响应能力。

三、应急物流运输协同

与传统物流相似，应急物流运输也需要占用大量的交通工具、运输道路等公共资源，是应急物流成本的重要组成部分。因此，应急物流运输协同重点体现在运输主体、运输方式和运输路径中，综合利用多种运输方式（公路、铁路、水路、航空、管道），就能够实现海陆空相互配合的一体化运输模式。

运输规划涉及多条路径和多个装卸点，该问题是一个典型的

NP – hard问题。目前，启发式算法主要用于解决这个问题。此外，在应急物流背景下，协同运输的规划还需要额外考虑各协同主体的参与动机。

四、应急物资采集与储备协同

采集和储备应急物资是确保在突发事件中能迅速响应的关键环节。这一过程要求管理部门要有周密的长期规划和具体的应急响应计划。为了避免因意外事件导致的应急物资短缺，必须根据潜在灾害类型来预先规划物资储备方案。

当前，我国在资源储备结构方面存在一些不合理之处，这可能影响各类突发事件的有效响应。不同类型的事件，由于其发展阶段、发生地区和影响程度的差异，会导致应急物资的需求类型和数量存在较大的不确定性，难以进行精确预测。

针对这一挑战，各省（自治区、直辖市）应在国家储备体系的基础上，根据本地区的具体情况，制定适应当地实际的灾害应急预案，并储备足够数量的多种类应急物资。同时，应积极与邻近地区协调，制订联合储备计划，以便在突发事件发生时迅速启动应急预案，调度各地的应急物资。

在面对规模较大的灾害时，如果现有储备物资无法满足灾区需求，就需要动员国家级或区域间的联合储备力量。此外，我国拥有庞大的人口资源，在社会捐赠物资的筹集过程中是一大优势。应充分利用这一优势，协同整合社会各界的力量，解决应急物资在种类和数量上的不足，确保在灾难发生时能够迅速、有效地提供必要支援。

五、应急物流自组织协同

(一) 自组织概念

自组织是组织理论中的一个重要分支，它强调系统在不需要外部指令和监督的前提下，依据内在的目标或规则，通过成员间的相互协作和职责履行，实现工作流程的自动调整和优化。自组织系统的研究，本质上是探讨系统如何自发地从混乱到有序，从基础的有序状态向更高级的有序状态转变的过程。

在应急物流系统中，自组织理论的应用尤为重要。应急物流系统可以被视为多个独立主体为实现减少灾害损失、提升应急响应效率、降低运营成本等共同目标而展开的一系列协调物流活动。在这个过程中，系统需要保持物流、信息流和资金流的动态平衡，这种平衡不仅在时间维度上要求实时响应，而且在空间分布上也要求合理优化。因此，自组织理论对于指导应急物流系统的构建和运行具有不可或缺的理论价值和实践意义。自组织理论有助于人们更好地理解和设计应急物流系统，提高系统对突发事件的适应性和灵活性，从而在紧急情况下实现更高效的物资调配和流转。

(二) 应急物流自组织协同应用

应急物流系统的演变过程，实质是应急物流系统由"他组织"向"自组织"的转变。将自组织理论应用于应急物流领域，产生了应急物流联盟的概念。应急物流联盟建立在松散合作组织的基础上，通过建立政府与社会物流资源的合作伙伴关系，形成了相对长期的合作契约关系，为社会物流资源参与应急救援奠定了基础。应急物流联盟的本质是应急物流系统各组成部分之间的相互作用，通过竞争与合作活动达成协同一致，从而在应急物资运输中发挥强大的协同优势。

应急物流系统的自组织协同实现需要以下几个保障机制。

1. 培育应急物流市场

随着物流业的发展，物流能力和服务规模不断提升。一些物流企业的运营标准已经能够满足应急物流的许多要求。因此，政府应积极引导具有一定实力和信誉的社会物流企业，以经济利益为导向，鼓励其积极参与应急物流事务，积极培育综合市场机制和政府调控的新应急物流市场结构。

2. 转变政府职能，重点发挥监督作用

作为国民经济转型和现代化的一部分，公共服务管理逐步走向市场化。各国政府正在逐步将传统的全球应急物流服务从领导者和实施者转变为所有活动领域的协调者、信息编辑者和观察者。在这一过程中，政府要致力保证各组织和资源的平衡和平等，充分发挥市场的正向耦合作用，积极鼓励社会各方物流机构发挥其独特作用，提高资源的利用率。

3. 建立健全激励机制

为了促使各组织积极参与应急物流活动，政府首先需要适当降低门槛，并采取一定的激励机制，如免税或减税等政策，对参与企业和组织进行奖励。一定的激励机制不仅有利于应急物流业务各领域资源的有效利用，对促进社会伙伴关系也发挥着重要作用。

4. 分阶段逐步推进应急物流系统组织转化

应急物流自组织协同模式的实现是一个长期的过程，需要各级政府发挥宏观调控能力，根据所属地物流产业的规模和发展现状，对应急物流难度进行评估，并制订计划逐步推进协同物流的构建。其中，对于小型应急物流，可以采用灵活的协同运作机制，对于大型应急物流，则需要各级政府通力协作。

总体而言，在我国应急物流领域中，自组织协同模式尚处于起步阶段，其协同运行机制主要由政府统领和调控。而在未来，我国应急物流协同机制的建设应更多重视松散型协作的作用，致力提升应急物流联盟的敏捷性，从而降低成本、提高资源利用率。

第八节　基于区块链技术的应急物流信息存证与监管系统

结合第五章提到的区块链这一应急物流体系信息基础设施关键技术，本节将结合突发事件特点，具体阐述区块链技术在应急物流信息存证与监管系统中起到的作用。

一、应急物流信息存证与监管系统概述

重大突发事件的应对是一项复杂的任务。自非典疫情以来，应急物流领域得到了显著发展，并在随后的多起突发事件中发挥了关键作用。然而，应急物流在实践中也暴露出了一些显著不足，尤其是在监管制度和技术支持方面。当前，我国的应急物流监管体系还存在一些

缺陷。就完备性而言，国家层面的物流法规尚未健全，加上信息共享机制的不足，导致了对复杂和突发事件的应对缺乏统一规范。从管理人员构成来看，应急物流监管通常涉及多个部门，业务交叉和利益冲突导致监管效率低下，规章制度分散，难以形成统一高效的监管体系。

随着计算机和互联网技术的迅速发展，应急物流监管方式也在发生变革。为了解决现有挑战，构建更为高效的监管体系，需要依托新一代信息技术，探索新的信息存证监管途径，以提升政府监管的效率和降低成本。以新冠疫情为例，这场公共卫生危机凸显了医用物资（如消毒剂、防护用品等）生产、采购和配送的重要性。社会各界的慷慨捐赠为抗击疫情作出了巨大贡献。但同时，由于监管信息不对称和制度缺失，物资和资金的管理出现了多项问题。在疫情防控的关键地区，红十字会在物资和捐款使用效率上受到了公众的广泛质疑，其中主要问题包括物资分配过程不透明、分配原则不明确、分配权归属不清晰等，加上前线物资紧缺、仓库积压和不良企业牟利等问题的频发，导致公众的不满和疑虑加深，政府和相关部门的公信力受损。

因此，积极推动应急物流信息存证与监管制度的建设，保障应急物流高效稳定运作是应急物流未来的建设重点之一。这一过程要充分利用先进的理念和信息技术。

二、突发公共卫生事件中区块链与应急物流的耦合机理分析

（一）应急物流特征及目标

应急物流是以提供灾害地区所需物资为目标，在追求时间效益最

大化和事故损失最小化的前提下，尽可能降低成本的特殊物流活动。与普通物流相比，其特点如下。

1. 不确定性

基于事件本身的突发性和非正常性，其物流活动也具有高度不确定性，这一不确定性具体包括物资种类和数量难以预测、应急物流需求不均衡，即突发公共卫生事件在不同地区、不同时间有着不同的应急物流要求。

2. 紧迫性

物流需求往往在事件发生后生成，这意味着物流需求规模和种类难以预测，需要在事后第一时间作出决策。与此同时，突发公共卫生事件往往意味着大面积的人员感染甚至死亡，因此应急物资是不可忽视的，时间就是生命，要把握最佳救治时间。

3. 社会公益性

应急物流与普通物流的主要区别之一在于其社会公益性，即应急物流最先考虑的是其时效性和带来的整体社会效益，而非传统的物流成本。此外，由于应急物流关乎应急救援效果，因而受到广泛关注，其应急响应速度、物流效率高低、过程是否公正透明也会对公众心理产生巨大影响。

基于以上特点，突发公共卫生事件应急物流要实现的目标包括实时应急响应、供需的精准匹配、供应链各环节的快速高效、物流信息的公开透明、物流过程安全可溯源。

（二）区块链在突发公共卫生事件应急物流中的应用

分析突发公共卫生事件下区块链与应急物流的耦合机理需要基于

区块链的特征，并考虑突发公共卫生事件的应急物流特点。结合第五章对区块链技术优势与应用场景的分析，区块链技术在突发公共卫生事件应急物流中的具体应用主要包含以下几个方面。

1. 应用区块链技术助力应急物流高效智能化

区块链的各项技术特征有助于促进应急物流过程高效、智能化，分布式认证和信息协同等技术可以解决信息不对称问题，从而实现突发公共卫生事件中物资供需之间的快速匹配，满足突发公共卫生事件应急物流的高透明度要求；智能合约技术可以帮助突发公共卫生事件应急物流订单自动生成、物资自动出入库、订单自动履约，从而提升突发公共卫生事件应急物流效率。

2. 应用区块链技术助力信息存证与监管

区块链的各项技术特征有助于应急物流过程中的信息存证与监管。在突发公共卫生事件中，往往应用于物资精准捐赠，实现捐赠信息透明化，保证捐赠物质可追踪，进而提升公众满意度。

3. 应用区块链技术助力创造物流产业新价值

物流产业是我国基础性产业，区块链技术的引入为物流产业带来了新的产业升级机会。物流产业与"物联网"和"供应链金融"的有机结合，有利于其转型升级并打造新的经济增长点，同时也有助于促进应急物流产业化、市场化，从而吸引更多的企业和社会组织参与应急物流活动。区块链与应急物流的耦合机理如图 6 - 5 所示。

三、基于区块链的应急物流信息存证与监管具体应用

上文内容分析了突发公共卫生事件下，区块链在应急物流中发

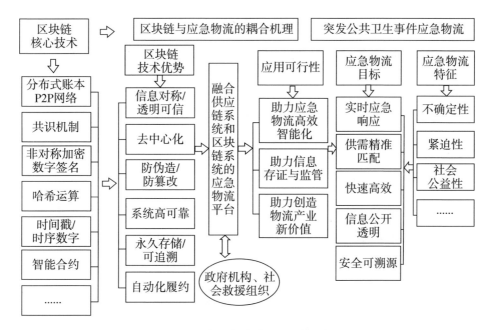

图6-5 区块链与应急物流的耦合机理

挥的优势及基于区块链应用的应急物流模式，接下来针对文中提出的应急物流信息存证与监管问题，结合区块链技术，对其进行应用分析。

以本次新冠疫情为研究对象，应急物流是疫情防控、保障生活、稳定社会的重要支撑，来自社会各界的捐赠物资是应急物资的重要组成部分。在疫情防控初期，捐赠物资的管理普遍不能满足应急需要，物资发放不及时、捐赠信息不透明等问题时有发生。为此，面对这些多来源的物品和资金，下文着重分析区块链在捐赠物资存证与监管中的具体应用。

（一）提高物资捐赠与受助者需求的匹配度

在突发公共卫生事件发生后，社会捐赠物资的迅速涌现对募集、接收、分发和存证过程构成了极大挑战。由于分配不当和效率低下，捐赠物资往往无法与需求方高效匹配，这导致了捐赠者和受助者的不满情绪。除了不法分子试图谋取私利外，这一问题的根本原因在于缺乏技术支持。在面对大量多样化的捐赠物资时，传统的记录方法无法实现资源的有效调配和信息共享，尤其是在跨地区和跨部门的情况下。

为了解决这一问题，可以建立一个基于区块链的物资捐赠平台，以促进不同领域之间的数据共享和信息协同，提高捐赠物资与需求的匹配度。这个过程将需要整合大数据、人工智能等先进技术。该平台的核心功能是确保捐赠者和受助者之间的供需精准匹配，合理划分应急响应级别，并将物资的供应地、发送地、途经地和配送异常情况等重要信息实时记录在链上，确保数据的多点存储和实时查询。

基于区块链的物资捐赠平台能够促进捐赠者和受助者之间的直接联系，实现信息的互通共享，并精确匹配双方的需求。在新冠疫情期间，武汉大学的技术团队开发了一个名为"珞樱善联"的全国性抗疫防护物资信息交流平台。该平台充分利用了区块链技术的不可篡改和有效存证的特性，成功实现了在线上精准对接捐赠双方的意愿，成为区块链技术在应急物流领域应用的一个成功案例。

（二）实现物资捐赠信息透明公开

在对捐赠物资进行管理时，许多机构尤其是慈善组织都面临一个重要问题，就是如何实现捐赠物资信息透明公开，及时更新相关信息，从而避免引起公众的不满和猜忌。这一过程看似简单，实际需要高度的技术支持。利用区块链去中心化、人人记账等技术特性，可以有效实现信息公开。区块链技术具体包含以下功能。

1. 全民参与记账

区块链的去中心化系统赋予了所有参与节点等同的地位，它们平等地接收和广播信息，所有交易行为都是透明的。利用这一机制，区块链确保每个参与者都可以访问完整的信息，并且通过网络中的各个节点对信息（包括捐赠物资的种类、数量、价值，以及储存、分配和运输过程）进行分布式记账，实现物资信息的透明化和公开化。

2. 强化数据自证能力，提升公信力

在全民参与记账的基础上，物资分发机构，如政府和慈善组织，可以实时从区块链上采集存证信息，并主动进行公开。这样不仅可以避免信息发布不及时或错误导致的公众不满，也能有效抑制谣言的传播，增强政府和机构的公信力。以 2017 年京东公益物资募捐平台上线的"守梦天使寻找之旅"项目为例，它是中国首个应用区块链技术追踪捐赠物资的案例。项目创新地运用了区块链技术记录和展示捐赠过程，并向捐赠者提供包含区块链追踪证书的链接，使捐赠者能实时查询到捐赠物资的物流信息。区块链技术的应用显著提升了平台项目的透明度和公信力，赢得了公众的广泛赞誉。

（三）保证捐赠物资去向信息真实性

传统捐赠物资去向信息由分配机构自行维护，当出现异常情况时，通常需要较高的成本来进行追责和修正，区块链技术在应急物资捐赠管理中的应用，提供了一种创新的解决方案来增强捐赠物资去向信息

的透明度和可追溯性。它不仅保障了捐赠记录的安全性和可靠性,而且还提供了全面的物资流转信息,如物资在供应链中的位置、可能遇到的物流障碍,以及是否能够及时满足需求等。这种高透明度有助于解决捐赠者和公众的疑虑,促进了社会信任的建立,为有效应对突发公共卫生事件提供了有力支持。

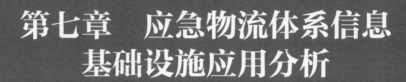

第七章 应急物流体系信息
基础设施应用分析

第一节　在食品冷链领域中
应急物流的应用分析

近年来，全球范围内频繁发生的突发性灾害和紧急状况使应急物流变得至关重要，而冷链物流在其中发挥着关键作用。冷链物流系统涉及食品、医药等温度敏感产品的储运，而在应急环境下，其任务更为重要，尤其是在保障人民的生命安全方面。在推进我国常态化冷链物流建设的同时，应加强冷链应急物流的规划与建设，提高系统应对紧急状况的能力，确保在各种突发情况下人们的生命安全和基本需求得到充分保障。

一、食品冷链应急物流的定义与特征

食品冷链物流在应急物流中扮演着关键的角色，特别是在地震、极端天气、传染病等突发性灾害条件下，其作用更为显著。近年来，全球面临气候变暖、战争频发、传染病肆虐等复杂的全球性挑战，这些问题对冷链物流的要求日益提高。

食品冷链应急物流是指在突发事件发生时，为了满足受灾人员基本饮食需求，从食品的生产源头到最终需求方，在低温条件下进行紧急保障的特殊物流活动。该过程包括从容易腐蚀的食品在产地收购或捕捞后的加工、储藏、运输等环节，直到食品到达消费者手中，需要确保产品始终处于所需的低温环境，以确保食品安全，减少损耗，并防止污染。《物流术语》（GB/T 18354—2021）对应急物流的定义是：为应对突发事件提供应急生产物资、生活物资供应保障的物流活动。因此，食品冷链应急物流通过制定预案、实施紧急措施，确保在突发事件中迅速、有序地供应易腐食品，以满足灾区群众的基本生活需求。

食品冷链应急物流与其他的物流相比，其特征表现在以下几个方面：一是在突发事件下，对食品的需求呈爆发式增长，参与主体多，供应保障能力要求高，同时既要保证食品的快速供应，又要确保食品的品质安全；二是食品储存期短、仓储周转率高，库存量变动大，冷链食品仓储管理难度大；三是大部分的食品属于易腐食品，需要全程温控，在自然灾害、极端天气等环境下，运输道路易被破坏或受阻，增大了运输难度，运输风险进一步加大；四是在突发事件发生时，以保障人民群众生命安全为首要目的，要不计成本地进行救援工作，对物流组织能力的要求非常高；五是疫情期间受各地疫情管控政策影响，冷链流通受阻、冷链车辆难行。

二、食品冷链应急物流的发展现状

虽然我国冷链物流行业已经步入快速发展阶段，近年来我国冷链物流消费需求和市场规模不断扩大，但由于我国冷链物流行业起步较晚，冷链物流发展中还存在"断链"、区域发展不平衡、损耗率高等问题。发达国家冷链流通率普遍保持在 95%～100%，而我国仅为 20%～40%。相比我国高达 7%～20% 的生鲜农产品损耗率，发达国家仅为 5%。目前的冷链物流发展规模难以满足我国发展需求。基于食品冷链应急物流的特殊性，更应对冷链物流提出更高的标准。我国食品冷链应急物流还存在以下几个方面的问题。

（一）冷链基础设施不完善，冷链应急物流技术水平低

第一，应急物流节点建设不足，冷链应急网络布局不完善。目前，冷链应急仓储设施以国家储备冷库为主，冷库设施的应急功能还没有充分体现，更多的是为平时生活服务。

第二，冷链物流的基础设施区域覆盖不均衡。冷链物流基础设施分布总体依然呈现出东多西少、销地多产地少、城市多乡村少、沿海多内陆少等特征。冷链物流的基础设施主要包括冷藏车和冷库两大类。以冷库分布为例，目前冷库主要集中在华东、华中、华北和华南四大区域，并且华东地区占比近四成。而承担了大量生鲜食品冷链物流的西北、西南等地区的冷链基础设施相对落后。总体来说，食品冷链运输能力不强，新型食品冷链技术应用率不高，对食品冷链技术研发不够深入，进而影响了食品冷链应急物流的运输能力。

（二）冷链应急物流信息能力不足，信息无法拉通

冷链应急物流对信息的流通性和及时性要求较高，在冷链应急物流中需要通过信息及时了解冷链食品的需求量与需求区域的信息，同时在冷链应急物流中，需要对物流信息的动态进行及时掌握，以便与物流沿途的公共物流信息和市政交通信息进行对接，以保证冷链应急物流的通畅和及时的要求。而传统的方式，信息及时性不足，且信息误差性较大，这就极大地影响了冷链应急物流的及时性。

（三）冷链应急物流管理水平偏低

第一，应急食品中，农产品占比较大。当前，我国农产品反季节

储存还不是很成熟，冷库长期存放的农产品种类较少，规模小。特别是在突发状况下，从储备冷库发运的农产品数量难以满足爆发式的需求，这就需要向社会大规模调运，而经营主体的多元化和仓储的分散化为冷链应急物流的组织增加了难度。

第二，冷链应急协调管理需不断加强。近几年，多个部门都在推进冷链体系建设，冷链管理部门比较多，增加了协调运作的难度，需要加强常态化畅通冷链物流协调运行机制，并保证突发事件下的高效协同。

（四）冷链物流企业发展不平衡

由于冷链应急物流的高要求，需要具备专业化能力的第三方物流企业来承接这类业务。行业缺乏主导企业，大多数还是中小企业，冷链物流行业仍呈现出小而散的现状。就目前而言，生鲜类食品的供应链需要全程冷链，电商平台搭建的自营物流难以实现长距离物流配送，同时还存在生鲜电商物流配送专业化程度不高等问题。因此，国内只有少数冷链服务商能够承接远距离冷链配送服务。建立专业冷链物流队伍前期需要大量的资金投入，如购置专门用于食品冷链运输的冷藏车、设立储藏食品的冷库等基础设施，但投资回报期较长，资金无法立即回笼，物流企业无法承担相应的成本，因此大多数企业选择经营普通物流的运输业务。在突发事件发生后，多数第三方物流企业难以完成冷链应急物流的运输。

（五）冷链应急物流信息化程度有待提高

近几年，我国很多地区建设了区域性冷链公共信息平台，但冷链公共信息平台的应急功能还没有充分发挥，如应急状态下的食品调拨、车辆运力监测、在途运输等。突发事件发生后，食品需要及时、准确地运输或配送，因此冷链应急物流应加强车辆调运管理和温度控制应用信息化技术。

（六）冷链应急物流技术专业人员匮乏

据相关数据显示，物流人才的缺口非常大，高达 130 万人。专业冷链物流人才供给的形式更为严峻，这主要是因为冷链物流对所需的人才要求很高，除了冷链专业知识外，还要具备项目操作和管理能力。除此之外，冷链应急物流从业人员还应具有应急管理经验和应变能力，这就更加大了相应从业人员的缺口。

以上这些问题，不仅制约了冷链物流业的发展，面对突发性灾害事件，也使食品冷链应急物流不能够快速响应。为了最大限度地保证在突发事件发生时，将受灾人民生命财产损失降低，应从完善物流设施网络、建立信息共享平台、协同生鲜电商加强冷链的稳定性、建设全链路食品质控和可追溯平台、加快信息化建设和培养冷链专业人才等方向对食品冷链应急物流进行改进，并提供可行的解决方案。

三、食品冷链应急物流的典型应用分析

新冠疫情的全球蔓延对食品的进出口带来了不小的挑战，众所周知，新冠疫情期间由于海外冷链食品的进口带来了多次的疫情风险点，进口食品和冷链行业的交叉引起了社会的关注。

1. 食品源头的防控

食品在冷链物流中，监管部门应对物流包装的食品安全卫生及对食品装卸搬运等操作管理的合规性进行严格把关，并严防冷链食品在封装及物流中出现的源头污染。在运输过程中冷链食品的温度应始终处于允许波动范围内，并做好各交接货环节的时间、温度等信息记录并留存。这就需要运用物联网的技术，对食品源头进行实时监控和管理，物联网技术实现了货物信息的实时动态感知和信息提取，当达到管理阈值时可实现预警通知。

2. 食品物流信息的实时跟踪

货主或货代应主动向承运单位提交相关进口冷链食品海关通关单证，冷链物流企业应如实登记装运货物信息、车船信息、司乘人员（船员）信息、装卸货信息及收货人信息等，登记要依托物联网的优势，实现快速以物登记，避免人为登记出错。为避免信息的无法获取，可以利用区块链技术对食品的供应链信息上链，区块链技术的防篡改，可追溯技术能够有效核查食品在供应链中的真实轨迹，从而提升冷链食品的应急物流的效率。

3. 中转转运设施保障

中转转运装卸货区应配备封闭式月台，并配有与冷藏运输车辆、船舶对接的密封装置。同时应加强入库检验，除查验冷链食品的外观、数量外，还应当查验冷链食品的中心温度。加强库内存放管理，冷链食品堆码应当按规定置于托盘或货架上。冷链食品应当按照特性分库或分库位码放，对温湿度要求差异大、容易交叉污染的冷链食品不应混放。应当定期检测库内的温度和湿度，库内温度和湿度应当满足冷链食品的中转转运要求并保持稳定。定期对中转转运设施内部环境、货架、作业工具等进行清洁消毒，同时对中转设备及中转流程进行信息留存和共享，以实现及时溯源。

第二节　在医药领域中应急物流的应用分析

近年来，我国医药物流业经历强劲发展，呈现逐年增长的趋势，具体表现为总额的持续上升及明显的增速。在这一趋势的发展背景下，医药应急物流的重要性越发凸显，智能技术和数字经济在支持缓解应急灾害、促进生产生活恢复方面发挥了关键作用。5G 网络、大数据等技术的广泛应用推动了医药供应链的数字化升级，引领行业企业步入了"上云、上平台"时代。传统的药品流通模式得到逐步优化，实现了要素、结构、流程和服务的迭代式升级。数字化转型将推动医药物流行业运营管理标准化、经营决策科学化、预警防范精确化，助力形成成本降低、风险可控、质量安全的智慧医药供应链体系。

一、医药应急物流的定义和特征

医药物流是指药品、医疗器械等在空间上的转移，它贯穿了整个医药产业链，为我国医药行业的流通与发展提供了不可磨灭的动力。医药物流依托一定的物流设备、信息技术和营销管理系统，有效整合药品生产、销售网络中的上下游资源。通过优化药品供销配送环节的验收、储存、分拣、配送等作业过程，医药物流能够提高订单处理能力，减少库存和缩短配送时间，从而降低流通成本，提高服务水平和资金使用效益，实现自动化、信息化和效益化。

医药应急物流是指在突发情况下，如自然灾害、公共卫生事件、社会安全事件等，为物资需求点提供高效的应急物资保障的一种特殊形式的物流活动。与简单的医药物资配送不同，医药应急物流强调依托先进信息技术、物流设备和管理系统，有效整合营销资源，提高整体服务水平和经济效益，以确保医药物资供应充足。

二、医药应急物流的发展现状

目前，我国医药应急物流仍处于供应链单一环节的优化阶段。由于我国医药应急物流的起步相对较晚，大部分医药物流项目主要集中在企业内部的进销存业务整合和流程优化阶段，较少涉及药品的生产商、供应商及销售商，这就导致了药品物流配送效率低下等问题。医药应急物流普遍面临以下四点问题。

（一）医药应急物流信息平台不完善，信息交流不畅

在新冠疫情初期，我国曾出现了医药应急物流信息交流不畅、不及时的问题，因为缺乏完备的医药物流信息平台，应急医疗的时效性无法得到保证，因此应完善平台，保障信息通畅从而保证应急救援的及时性和可靠性。

（二）医药应急物流成本高，效率低

药品作为特殊的商品，其成本包含生产成本和物流成本，而大部分的医药物资在物流的各个环节需要冷链的保证，特别疫苗等对温度敏感的药品更是如此。应急医药物流的设备，如冷冻车辆等的费用都很高，这就提升了成本。同时，医药物资在流通的过程中，会涉及较多横向的工作，并且纵向流通时间较长，这都会影响物流的成本和效率。

（三）医药应急物流从业人员的信息操作和管理能力不高

医药作为一种特殊的救援物资，对温度、运输的工具及储存的方式等有严格的要求。从事医药行业和物流行业的人员较多，但同时掌握医药、应急物流及信息技术的人员非常少，因此人员的综合素质成为阻碍医药应急物流发展的重大因素之一。

（四）采购方式单一，医药应急物资保障不足

医药物资采购主要是采取公开招标的形式，虽可保障平时的应急物资的正常储备，但因突发事件出现的交通堵塞、原材料不足等情况将导致供应商无法按时完成采购任务。同时，招标代理机构无法及时发布招标通知并制定标准，这些都会造成医药应急物资储备不够、品类不全、质量不够优良的尴尬局面。更加重了对医药应急物资储备库的物资保障的压力。

三、医药应急物流的典型应用分析

应急物资保障是一个复杂而系统的过程，因为其涉及多个紧密关联的环节，包括应急物资的生产、采购、捐赠、储备、运输、仓储、配送、分拨等。这些环节的相互交织更增加了应急物资保障的复杂性，因此，其面临以下几个主要问题。

（一）应急物资储备不足、生产滞后

新冠疫情暴发以来，医用防护服、护目镜、医用外科口罩、N95

口罩、核酸检测试剂等医药应急物资始终处于"紧平衡"甚至短缺状态。虽然其中有疫情规模超出一般预案、春节期间缺少原材料和工人等客观因素，但也充分暴露了我国医药应急物资储备和生产中的问题。

（二）应急物资干线通行不畅、调度难度大

一些地方未经批准封闭高速公路，阻断国、省干线公路，擅自设卡、拦截、断路，造成通行受阻，运营难度增大。此外，还有疫情期间对车辆的限制及驾驶员的隔离等手段虽有必要，但极大地增加了物流的运力不足及调度的难度。

（三）应急物资分发、配送效率低

紧急调拨、采购及社会捐赠的医护物资抵达武汉后，一方面是仓库爆满，另一方面停留时间过长，不能第一时间分发配送到急需的医疗机构，给医院防治工作带来不良影响。

（四）疫区末端快递收派难

交通管控从严、物资驰援增加，导致疫区快递配送单数量激增。从国内大型物流公司统计来看，2020 年年初，武汉当地运力只能支撑成功派送 10 万票/日，滞留近 90 万票快件尚未发出。为避免接触导致疫情扩散，武汉市内主要通过丰巢智能快递柜进行自助收寄，但小区封锁又导致快递柜无法发挥作用，用户只能选择离家更远的柜子，这就增加了人员流动传播疫情的可能性。

（五）医药物流、冷链物流薄弱

高效医药物流体系尚未完全形成，疫情发生时难以提供快速、精准、高质量的配送服务。部分试剂盒、疫苗、药品、血液制品、生鲜食品等需要全程冷链，而冷链物流发展滞后，无全国性冷链物流服务体系。同时，冷链设施设备缺乏，冷链物流标准化程度低，操作流程不规范也造成了医药物流受阻。

从面临的问题来看，需要解决的方法有以下三点。

一是建立完善的应急保障管理体制。应急物资的储备、生产、采购、接收捐赠、分发调拨、交通运输、邮政快递、仓储配送等职能分散在不同部门、地区和企业，常态下各司其职即可，问题并不突出。但在应急条件下，政府部门之间，政府与企业之间未能形成有效的联动机制，并且还缺乏顶层设计、统筹规划、统一调度，就会造成严重后果，如应急物资生产与应急物流难以同步。因此，应建立围绕疫情下的应急信息平台，让信息透明、及时、准确反映医药应急物流的需求，以有效解决应急保障中出现的混乱问题。

二是建立应急物资保障大数据平台。尽管相关政府部门、企业均拥有各类信息平台，但这些平台之间缺乏互联互通、信息共享，因此必须建立用于应急物资指挥调度、供需信息、物流资源、交通运输及环境信息等实时呈现的统一大数据平台，在数字化、智能化基础上扩大医药应急物流的保障范围。

三是增强专业应急能力，以信息技术替代手工，增强应急能力。海量应急物资接收、分发、配送是一项技术含量高的任务，仅靠人工无法满足应急物资的及时性要求，需要专业软件和硬件技术的支撑。

疫情期间各省卫生健康委和红十字会，面对大规模物资接收、仓储、分类、集散的问题束手无策，我们从中得到启示：必须利用物联网、区块链、云计算等技术，让应急物资分给谁、给多少，标准清晰、过程可监督。

第三节　在城市领域中应急物流的应用分析

一、城市应急物流的定义及问题

城市应急物流是指在突发事件的影响下，城市为降低自身价值损失而对相关物流需求采取紧急性保障的一种特殊物流活动。城市应急物流的各个物流环节相互影响、相互依赖，且向着同一个目标行动，因此其具备系统的一切特性，属于系统的范畴。

当前我国在城市应急物流中面临的问题如下。

1. 信息缺乏互联互通

我国的应急制度古已有之，延续至今，但数十年来，与西方国家相比，较为落后。其原因是多方面的。从应对新冠疫情来看，信息技术存在较大缺陷。医疗用品储备制度没有真正建立、储备库短缺；储备物品名录、数量、地点不明确；应急指挥机构刚刚建立，职责范围、指挥权威、指挥的专业程度还在完善，这些都与政府、公益机构及企业的信息相互不通有直接或间接关系。例如，突发性事件后，信息不通导致了物流混乱及物资信息从收集到分配都不能有序推进。

2. 当前的城市应急物流缺乏整体的应急方案

整体应急方案包括应急事项分类、统一指挥机构、部门职责分工、应急工作程序、应急工作预案；事件的准确判断，如信息真实、来源可靠、信息采集方法科学；响应等级、动员人数、协同范围；决策措施得当、征召资源迅速有效等。我国应该在这方面加强力量，制定整体的应急方案。

3. 供应链协同

疫情后的初期，复工遇到的问题是供应链脆弱：原材料供应中断、生产设备不足、开工条件不全、公路铁水空运输受限、流动资金不足、上下游账期延长、成本增高等，这表明了我国供应链保障体系还没真正建成，供应链的协同机制很不完善。

二、城市应急物流的应用分析

在城市应急物流法的发展与应用中，我国需要围绕以下几个方面进行发展。

1. 加强物流技术的信息化建设

在应急物流系统中，应急物流信息系统是最重要的，应急指挥中心可以根据信息系统预测物资的数量和种类，实时监控物资的位置，及时发现物资的来源和去向，应用信息系统等技术选择最优运输路线。目前，我国的应急物流信息系统相对落后，因此政府应加强物流技术的信息化建设，如积极推进云计算、物联网、区块链等国际先进技术和空天一体等新信息技术，实时监测物资的动态供应和去向。为了使应急物流系统能够有效运行，我们必须构建信息平台。采用先进的仪器和设备，借助北斗卫星定位，对车辆进行即时化动态监测、监控，优化配送路线；将 GIS 技术应用于监测数据的采集、传输和处理；将云计算技术应用于软件领域，建立了一个通用的库存管理信息平台，允许应急物流系统所有部门之间的互动和信息交流；利用区块链技术实现信息的可信透明传递，让信息在政府与企业间可信的共享。

2. 保障应急物流的通畅性

地震、山体滑坡和洪水等突发事件可能对公路和铁路造成损害，造成区域运力不足。为了开展迅速有效的救援工作，政府必须对法律规定的运输设备、用品、土地等进行有偿征用。目前，应制定法律规则、规范、与运输密切相关的各种应急物流渠道，确保应急物流的快速运作。我国的应急物流管理体系还处于起步、发展阶段应加强以下工作：一是要完善应急预案，建立应急物流技术平台，利用最新的电子技术对物资动态进行实时监控；二是建立和建设应急物流中心，完善和优化物资储备、融资和采购；三是改进和优化应急物资的路由和分配，建立一个应急后勤系统，以确保快速反应、统一指挥，进一步增强应对突发事件的能力。

3. 建立完善的城市应急物资保障系统

确保在危机期间有足够的应急物资储备和供应，是成功应对危机的重要条件。为了确保危机应对期间的物资供应，必须建立一个完善的城市应急物资保障系统，该系统能够跟踪各种应急物资的分发情况，并在危机发生后能够迅速有效地部署工作和分配应急物资。应急物资保障系统能够整合多个部门和物资的信息管理系统，它能更好地进行管理，从而大大优化应急物资的管理。

4. 建立应急物流公共信息平台

建立应急物流公共信息平台，及时发布应急资源需求信息，这有助于政府合理调动和储备应急资源，提高应急能力，及时调集物流资源，避免应急物资库存过多的现象。

第四节　在煤炭领域中应急
物流的应用分析

我国的煤炭产业发展迅速，但我国煤矿地质条件复杂，瓦斯含量高，水害严重，开采难度大，煤炭的开采、生产每年都会出现一些问题。由于煤矿开采过程中受人为，环境等许多不确定因素的影响，煤矿企业的安全事故时有发生。煤矿事故关系着作业人员的生命安全，还影响了我国的经济增长和社会稳定，是国家长期以来关注的重点。我国的煤矿应急救援体系正在逐步完善中，但与欧美发达国家相比，在应急物流的管理上还有很大差距。煤炭应急物流对我们国家煤炭应急管理具有很重要的意义。

一、煤炭应急物流的定义与特征

煤炭应急物流是指为应对煤炭行业的事故灾难（如瓦斯灾害、煤尘灾害、顶板灾害等）、自然灾害、公共卫生事件等所需物资、人员、资金的需求进行紧急保障的一种特殊物流活动。

煤炭应急物流的特征：煤炭应急物流是具有煤炭行业性特征的应急物流活动。它既有应急物流的一般特征，也具有煤炭行业的一些独有的特征。因此，煤炭应急物流具有突发性和多样性、不确定性、弱经济性、非常规性、多主体参与性等特点。

二、煤炭应急物流的应用分析

煤炭应急物流在应用中有几个关键部门，包含煤炭应急物流信息平台和煤炭应急物流运作部门。

（一）煤炭应急物流信息平台及网络系统

煤炭应急物流信息平台及网络系统是煤炭应急物流的基础设施，是煤炭应急物流系统工作的基本平台，是煤炭应急物流体系高效、可靠运行的保障。煤炭应急物流机构通过该平台与煤炭应急系统的各个部门、各个企业网络、信息系统进行连接，以便其应急物流系统物资管理部门了解各有关部门和企业的设备情况、人员情况、运营情况、主要业务、运输能力、库房情况等，这有利于应急物流环节之间关键信息的拉通。

（二）煤炭应急物流运作部门

煤炭应急物流运作部门主要负责各种救援物资的筹措、储备、调度运输及配送等工作。

1. 煤炭救援物资的筹措

物资筹措是煤炭应急物流的基础和首要环节，筹措工作的质量直接关系到救援工作的成效。在救援物资筹措中有若干方式，如征用、战略储备、突击生产、捐赠、采购等。这几种方式是相关联的而非独立行为。

2. 煤炭救援物资的储备

在日常生产中，煤炭企业要对特定的物资进行一定的储备，以作为应急物资使用。在煤炭灾害（瓦斯爆炸、顶板坍塌等）发生时，企业就能在最短的时间内动用物资进行应急救援。因此，煤炭储备部门就需要按照辐射范围广、应急能力强、运输距离短、储备成本低、环境污染小的要求进行煤炭应急储备设施建设。

3. 煤炭救援物资的调度与运输

救援物资调度是煤炭应急物流的关键问题之一。在灾害发生时，以最快时间运用各种运输工具把特定的救援物资从仓库或中转站运到指定地区，是救援物资调动的重中之重。救援物资的调度为救援行动提供了物资保障，并最大限度地减轻了突发灾害带来的损失。

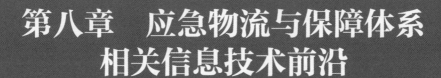

第八章　应急物流与保障体系
相关信息技术前沿

第一节　自动驾驶设备与应急物流

自动驾驶技术是一种革命性的汽车技术，它能够通过对周围环境的感知，实现在无人为干预的情况下自主操作和执行必要的功能。自动驾驶技术根据其自主控制程度被划分为五个不同的级别，每个级别代表了汽车在操作控制方面的逐步独立程度。

（1）Level 1（辅助驾驶）。高级驾驶员辅助系统（ADAS）能够通过转向、加速和制动来支持驾驶员。典型情境：包括某些辅助功能，如巡航控制、自动紧急制动，但驾驶员仍需全程关注驾驶环境。

（2）Level 2（部分自动化）。ADAS可以在某些情况下监督转向、加速和制动，但驾驶员需要继续全面注意驾驶环境，同时执行其他必要任务。典型情境：具备更高级别的辅助功能，如自动泊车和车道保持，但仍需要驾驶员的持续监控。

（3）Level 3（条件自动化）。高级驾驶系统（ADS）可以在某些条件下执行所有的驾驶任务，但当ADS要求驾驶员重新获得控制权时，它必须能够重新获得控制权。典型情境：在特定环境下，如高速公路，ADS可实现自主驾驶，但在需要时必须将控制权还给驾驶员。

（4）Level 4（高度自动化）。车辆的ADS在无须人工注意的特定条件下独立执行所有驾驶任务。典型情境：在特定环境下，如城市区域，车辆可以完全独立执行驾驶任务。

（5）Level 5（完全自动化）。涉及完全自动化，车辆的ADS能够在所有条件下执行所有任务，无须驾驶员提供辅助。典型情境：在任何驾驶条件下，车辆能够完全自主进行操作。

自动驾驶技术的完全自动化将通过 5G、6G 技术的应用实现，使车辆之间能够相互通信，并与交通信号灯、标牌甚至道路本身进行实时通信。这种技术的逐步发展将为未来交通系统和出行方式带来深远影响。

汽车自动驾驶的核心目标是赋予汽车智能感知、综合、判断、推理、决策和记忆的能力，以保障在行程中实现智能高效执行，并能够主动控制，实现人机交互与协同。这一愿景的实现离不开先进的车联网技术，尤其是 Vehicle to Everything（V2X）技术的支持，可概括为以下几个方面。

（1）智能感知与协同执行。自动驾驶汽车通过内置的传感器系统对周围环境进行感知，包括雷达、摄像头、激光雷达等。然而，单车的传感器信息有限，无法全面感知环境。借助 V2X 技术，汽车可以实现与道路、其他车辆、交通设施等的全面感知，获取比单车传感器更多的信息。这使汽车能够更准确地识别和理解复杂交通场景，增强对非视距范围内环境的感知。

（2）实时共享位置与智能路况预测。V2X 技术通过实时通信，使车辆能够共享其自身位置信息，并获取其他车辆、交通信号灯、道路状况等的实时数据。在恶劣天气或复杂交叉路口等场景下，传统的雷达和摄像头可能受限于可见性问题，难以清晰辨别前方障碍。通过 V2X 技术，汽车可以借助实时数据智能预测路况，提前感知并规避潜在的危险，从而有效降低交通事故风险。

（3）高清3D动态地图的实时更新。自动驾驶汽车依赖于高清3D

动态地图进行定位和路径规划。通过 V2X 技术，这些地图可以实时更新，以反映当前的交通状况和道路变化。在交叉路口、拐弯等复杂场景下，实时更新的地图数据使汽车能够更加准确地进行导航和路径选择，提高行驶的稳定性和安全性。

（4）智能预测与风险规避。在 V2X 环境下，汽车能够利用先进的算法和人工智能技术，实现对周围交通的智能预测。通过对实时数据的分析，系统可以识别潜在的危险情况，并采取相应的措施，避免意外事故的发生。这种智能化的风险管理系统对于提升汽车自动驾驶的安全性至关重要。

自动驾驶技术的迅猛发展为应急物流领域注入了新的活力，将其与自动驾驶技术结合，不仅在提高物流运输效率方面有着显著的优势，同时还有效地解决了应急物流中的诸多挑战。这一结合不仅为物流企业带来了显著的经济效益，也为整个应急物流体系的升级和可持续发展提供了强大的支持。

（1）物流安全性的提升。自动驾驶技术在应急物流中发挥了关键作用，尤其是在提升物流安全性方面。通过引入先进的感知系统和实时数据交流，自动驾驶车辆能够迅速感知周围环境，并采取及时有效的行动。这对于应急物流过程中的紧急状况非常关键，如遇到交通堵塞、道路阻碍或突发事件时，自动驾驶系统可以快速作出反应，采取最安全的路径，避免潜在的风险。此外，通过 V2X 技术，自动驾驶车辆能够与其他车辆和交通基础设施实现实时通信，共享信息，提前预知路况，从而更好地应对复杂的道路状况。

（2）运输效率的提高。自动驾驶技术的引入极大地提高了物流运输的效率。自动驾驶车辆不受人为疲劳、工作时间限制，可以实现24

小时不间断的运输服务。在应急物流场景下，时间是至关重要的因素，自动驾驶车队可以迅速响应，实现快速、高效的物资调配。同时，自动驾驶技术还通过智能路径规划、实时路况监测等功能，优化运输路线，避免拥堵，进一步提高了物流运输的效率。

（3）成本的有效控制。自动驾驶技术为应急物流企业带来了成本控制的新机遇。首先，自动驾驶系统降低了对人力资源的依赖，减少了驾驶员工资和相关福利的支出。其次，通过实时数据的精准分析和智能路径规划，车队能够更有效地利用油料，降低燃油成本。此外，自动驾驶技术提高了车队的整体运行效率，减少了空载率和等待时间，进一步降低了物流运输的总体成本。

（4）运输安全性的改善。自动驾驶技术通过降低驾驶过程中的人为误操作和疲劳驾驶，显著提升了运输的安全性。在应急物流中，尤其是在面对紧急情况时，自动驾驶车辆在高风险的环境中表现出色，不受驾驶员情绪和生理状态的影响，能够冷静应对危机。

第二节　元宇宙与应急物流

元宇宙的发展标志着科技领域迈向了一个全新的时代。元宇宙的本质在于对现实世界进行虚拟化、抽象化、数字化的过程，创造了与现实世界平行的虚拟世界，而要实现这一雄伟目标，元宇宙依赖于多种前沿技术的融合，构筑起一个庞大而复杂的技术体系。

（1）多技术融合的核心要素。元宇宙是众多技术的深度融合。这些技术包括但不限于无线技术（如4G、5G等）、有线技术（光传输、数据通信等）、人工智能（AI）、区块链、大数据、云计算、增强现实（AR）和虚拟现实（VR）等。这些技术的协同作用构成了元宇宙的多层次、多维度的基础架构。通过这些技术的相互融合，元宇宙能够实现对虚拟世界的高度仿真，同时将虚拟世界的数据传递到现实中，实现了虚拟世界与现实世界的深度互动，形成了元宇宙整体框架的基石。

（2）无线技术的贡献。在元宇宙构建的过程中，无线技术发挥着至关重要的作用。无线技术为元宇宙提供了高速、低延迟的数据传输通道，使用户能够更加流畅地体验虚拟世界。无线技术的进步不仅提升了虚拟现实和增强现实技术的性能，同时也为元宇宙中大规模的多用户协同体验提供了强大支持。通过无线技术，用户可以随时随地进入元宇宙，实现全球范围内的沟通、协作与互动。

（3）区块链与数据安全。元宇宙的运作离不开可信赖的数据管理和交换机制。区块链技术的引入为元宇宙的数据安全提供了有力保障。区块链通过去中心化、不可篡改的特性，确保元宇宙中的数据交换和合作是基于高度可信基础之上的。这对于元宇宙中的虚拟经济、虚拟资产的管理至关重要。区块链的智能合约还能够实现自动化的数据交换与合作，为元宇宙的运作注入更多的智能化与高效性。

（4）人工智能与仿真。人工智能在元宇宙中充当着智能代理的角色，使虚拟世界更加智能、真实。元宇宙中的虚拟角色、虚拟环境能够通过人工智能技术实现更加逼真的仿真效果。此外，人工智能还能够根据用户的行为习惯和需求进行个性化交互，提升用户体验。

（5）大数据与内容丰富性。元宇宙要实现对现实的高度模拟，对数据的处理能力要求十分庞大。大数据技术的应用为元宇宙提供了海量数据的存储、分析与管理能力，保证了虚拟世界的内容丰富性。通过对用户行为、喜好等数据的深度分析，元宇宙能够为用户提供个性化、丰富多样的虚拟体验。

（6）云计算与高性能计算。云计算为元宇宙提供了强大的计算和存储能力。在元宇宙中，用户可以通过云服务实现对高性能计算资源的即时调取，保证了虚拟世界的高效运行。云计算的弹性和可扩展性使元宇宙能够应对不断增长的用户规模和复杂度，为用户提供流畅的虚拟体验。

（7）AR/VR技术的沉浸感。增强现实（AR）和虚拟现实（VR）技术为元宇宙注入了强大的沉浸感。通过AR技术，元宇宙能够将虚拟信息叠加在现实世界中，实现虚拟与现实的深度融合。VR技术则让用户能够完全沉浸在虚拟世界中，与元宇宙进行更为直观、真实的互动。

元宇宙作为对现实世界的深度虚拟化，不仅需要多种技术的高度融合，更需要各种技术之间的协同作用。无线技术、人工智能、区块链、大数据等技术的综合运用，为元宇宙的建设提供了坚实基础。元宇宙的发展不仅催生出更多新的技术创新，也将引领数字社会向更加开放、智能、互动的未来迈进。元宇宙的出现标志着数字社会进入了一个全新的时代，其引领了交互性、沉浸性和协作性的创新。这一新兴概念并非技术的简单堆砌，更是为人们创造更为丰富、真实、高效的虚拟体验。元宇宙为我们带来了三大价值，分别是交互性、沉浸性和协作性。

（1）交互性的价值。交互性是元宇宙的首要价值之一。在互联网时代，信息交互通过视频、语音和文字这三大方式进行，然而元宇宙通过打破虚拟空间和物理空间的边界，实现了虚拟世界复刻真实面对面交互的体验。这种交互性不仅为线上办公、模拟公共安全应急演练等提供了更为真实的体验，也通过虚拟环境的开发，提升了各种应用场景的效率。与当前的互联网应用相比，元宇宙所模拟的是真实场景，创造逼真的混合式体验，使用户能够更加高效、直观地参与其中。

（2）沉浸性的价值。沉浸体验是元宇宙的又一重要价值。在传统的互联网1.0阶段和2.0阶段，人们通过屏幕进行线上办公、游戏等活动。然而，这样的方式存在屏幕的隔膜感，难以真实地感受到现场的氛围。元宇宙通过创造三维空间，让用户身临其境，感受到沉浸式应急物流体验，以及其他活动的参与感。例如，在元宇宙中，用户可以感受到应急物流端到端的情况，提前预测可能遇到的问题和突发事件，真实地沉浸在应急物流的环境中。在新冠疫情期间，元宇宙的虚拟环境也让人们能够实时参与各类活动，提供了更为直观、真实的互动体验。

（3）协作性的价值。元宇宙的第三大价值在于协作性。实现人与人的连接是元宇宙的重要目标，而连接的背后是需求的连接。元宇宙作为人与人协作的空间，为满足需求提供了平台。以应急物品采购为例，元宇宙中的线上超市可以有效解决因信息不透明而导致的抢购问题。在元宇宙线上超市中，用户可以看到与现实中一模一样的商品，可以通过"虚拟的自己"试穿衣服，购买防疫用品，享受真实的购物体验。这样的虚拟世界解决了二维空间商品不真实的问题，为用户提供了真实的生活体验。元宇宙不仅模拟了真实场景，还通过虚拟世界来弥补现实世界中一些不足，推动了互联网体验的全新升级。

元宇宙作为数字社会的未来趋势，为我们提供了更为丰富、真实和高效的虚拟体验。其交互性、沉浸性和协作性的三大价值使人们可以在虚拟世界中更加自如地参与各类活动，提高工作效率，丰富娱乐体验，更好地满足人们的需求。元宇宙的崛起将深刻改变我们对数字技术的认知，引领着数字社会向着更加开放、智能和协作的未来迈进。

通过前述分析，我们可以清晰地看到，元宇宙与应急物流的结合有着深远影响，并且在以下三个方向中发挥了重要作用。

（1）数字孪生模拟应急物流场景：元宇宙的数字孪生技术为模拟仿真提供了全新的可能性。通过数字孪生，我们能够在虚拟环境中对应急物流可能出现的场景和问题进行模拟。这种模拟不仅可以让我们提前感知应急情境，更能够实现演练和防范，以做好充分的准备迎接突发状况。例如，通过元宇宙的数字孪生，我们可以模拟自然灾害、交通中断等情境，评估不同条件下的物流响应效果，为实际应急物流提供科学依据。

（2）元宇宙数字人宣传与说明：元宇宙的数字人技术可用于对应急物流的流程、处理方式及灾害发生后的应对策略进行生动宣传和详细说明。这种信息的生动传递有助于提高公众对应急物流措施的认知度，让人们在灾害面前能够更从容、理性地应对。

（3）推演城市应急模式与物流通道：通过元宇宙的虚拟推演，人们可以更加迅速而准确地确定城市在灾害早期的物流需求和最优解。这有助于城市在紧急情况下快速建立高效的应急物流网络，提高物流通道的畅通性，迅速响应并处理紧急物流任务，最大化减轻灾害带来的影响。

元宇宙与应急物流的结合不仅是理论上的创新，更是实践中的应用。通过数字孪生、数字人和虚拟推演等技术手段，元宇宙为应急物流提供了全新的解决思路。这三个方向的应用，不仅可以提前演练、提高公众认知，还能够在紧急情况下实现高效应急物流，加速灾害应对的反应速度，为社会的安全和稳定提供有力支持。

第三节　数字人民币与应急物流

数字人民币（e - CNY）是中国人民银行推出的一种数字形式的法定货币，与传统的纸钞、硬币等值，具备完备的价值特征和法偿性，并支持在可控的范围内实现匿名使用。这一创新性的数字货币方案引入了许多关键特征，使其在数字支付领域具有显著的优势。

第一，数字人民币作为数字形式的法定货币，充分融合了现代技术和传统货币体系。这意味着它拥有与纸钞、硬币相同的法定地位，为用户提供了更为安全可靠的货币媒介。与此同时，数字人民币并非只是纸币的数字副本，而是在数字化的基础上进行了创新，具备更为灵活的支付和管理功能。

第二，数字人民币的等值性使其能够实现与传统纸钞和硬币相似的使用方式。用户可以将数字人民币视作传统现金，实现简便快捷的支付。相较于纸钞、硬币，数字人民币在使用成本上更具优势，同时也提供了更为便捷的支付手段，适应了现代社会数字化支付的发展趋势。

值得注意的是，数字人民币的独特之处在于其具备可编程性。这一特性使数字人民币可以通过智能合约实现更为复杂和多样化的支付场景。与传统支付方式相比，数字人民币可以实现专款专用的支付目标，有效监管资金流向，提高了支付系统的透明度和可追溯性。

总体而言，数字人民币的推出不仅是传统货币形态的数字化，更是对支付方式和监管手段的一次创新尝试。通过数字人民币，我国不仅能够跟上数字化支付的趋势，还能够更好地平衡支付便捷性与监管合规性的关系，为未来金融支付体系的发展奠定坚实基础。

另外，数字人民币在国内的应用主要涵盖两大类场景，分别为2C（C：Customer 客户）和2B & 2G（B：Business 商业，G：Government 政府）。这两类应用体现了数字人民币在支付和管理领域的多重功能。

2C的应用主要聚焦在支付场景，涵盖了人与人支付、物与物支付、人与物支付等方面。其中，数字人民币的硬钱包功能得以充分发挥。在应急物流领域，数字人民币的应用体现在快速支付与费用追踪上。通过数字人民币，应急物流的相关费用可以得到快速支付，有效节省时间并提升运输效率。每笔费用都可追踪，使应急物流费用支付更为清晰明了。

2B & 2G的应用主要涉及数字人民币在企业和政府领域的运用，包括预付款资金管理和政企资金管理（如住房公积金、招标资金等）。在应急物流方面，数字人民币的应用主要体现在对灾害期间的应急物流资金管理。通过数字人民币，人们可以清晰地追溯每笔应急物流资金的流向，实现对应急物流资金的精准管理。同时，有助于账目清晰，提升物流运作的高效性。

这种分层次的应用模式使数字人民币在不同领域发挥了多重作用，既满足了个体用户的支付需求，也为企业和政府提供了更便捷、透明的管理手段。在应急物流中，数字人民币的运用更是为物流支付和资金管理带来了新的可能性，助力提升物流行业的效率和可追溯性。

　　数字人民币与应急物流的融合充分发挥了数字人民币的稳定性、可靠性和可追溯性等优势，为资金流动提供了更为安全的保障，同时也解决了物流行业在支付方面的一系列难题。其关键优势在于数字人民币的特性，它不仅具备法定货币地位，还支持可控下的匿名使用，为支付提供了更为灵活的选择。通过数字人民币的硬钱包能力，人们可以实现便捷的现金支付，极大地降低了支付成本，提高了支付的便捷性。与传统支付方式相比，数字人民币的支付方式更为高效，每笔费用都可以追踪，从而使应急物流的费用支付更加清晰明了。此外，数字人民币的自身可编程性也是其在应急物流中的一大优势。借助智能合约的能力，数字人民币不仅可以作为支付工具，还可以实现支付的监管。数字人民币在应急物流中不仅是一种支付手段，更是一种能够为资金流动提供智能监管的工具。这种可编程性的特点使数字人民币在处理应急物流中的各类支付需求时更为灵活。总体而言，数字人民币的融入不仅为应急物流提供了更为便捷、高效的支付工具，更为整个物流行业的资金管理、结算和周转等方面带来了全新的解决方案，助力企业实现降本增效和供应链的持续优化。

第四节　6G、低轨卫星互联网与应急物流

一、6G 与应急物流

　　6G，即第六代移动通信标准，也被称为第六代移动通信技术，是

一项引领未来通信领域发展的前沿技术，有望推动产业互联网和物联网等领域取得更大的进步，特别是对下一代物联网的发展将发挥重要作用。相较于5G，6G具有更为强大的性能和功能，将在数据传输速率、时延、流量密度、连接数密度、移动性、频谱效率、定位能力等方面远远超越5G标准。

6G的数据传输速率预计将达到5G的近100倍，时延缩短到5G的1/10，这将为各类应用提供更为高效的通信支持。峰值速率、时延等关键性能的提升，将为未来通信场景带来更为广泛和深刻的变革。这将为全球用户提供更快速、更可靠的通信体验，助力数字社会的发展。

6G网络不仅在地面通信上有着显著提升，还将卫星通信与地面通信进行整合，形成一个全连接世界。通过这种方式，6G网络可以实现全球无缝覆盖，使网络信号能够抵达任何偏远的乡村，为偏远地区的居民提供远程医疗和远程教育等服务。这对于改善医疗条件、普及教育资源具有深远的社会意义。

此外，6G网络的全球卫星定位系统、电信卫星系统、地球图像卫星系统和地面网络的联动将有助于人类更好地预测天气、快速应对自然灾害等挑战。通过全覆盖网络的支持，人类可以更加高效地利用先进的科技手段，提升社会抗灾能力，保障人们的生命财产安全。6G的应用前景将进一步推动科技与社会发展的融合，为人类创造更为便利、智能的未来。

6G技术在应用场景方面呈现出多个主要方向，其中包括传感通信、数字孪生、沉浸式应用等。这些方向共同体现了6G的高效、快速、安全的特性。在与应急物流相结合的场景中，6G技术能够为应急物流实现空天一体的信息联网，推动应急物流行业向更加智能化的方向发展。6G 的快速信息通信能力有助于保障应急物流信息的一体化，提高物流的快速便捷能力。

首先，传感通信是 6G 技术的一个重要应用方向。通过与各类传感器和设备的连接，6G 可以实现大规模的传感数据采集、处理和传输。在应急物流中，这意味着可以通过各种传感器对物流环境、货物状态等进行实时监测，实现全面的信息感知。例如，在应急情况下，通过传感器监测货物的温度、湿度、位置等信息，管理者可以及时发现并解决问题，提高物流的安全性和可控性。

其次，数字孪生是 6G 技术的另一个重要方向。数字孪生是通过数字化技术对现实世界进行建模，实现对实物的虚拟化。在应急物流中，通过数字孪生技术可以建立起物流网络的虚拟模型，实时反映物流运行状态。这为物流规划、调度和应对突发事件提供了更加准确的信息支持。例如，在自然灾害发生时，应用数字孪生技术可以迅速分析受灾区域的物流情况，优化运输路线，提高救援效率。

最后，沉浸式应用是 6G 技术的一个引人注目的方向。通过沉浸式技术，用户可以在虚拟环境中获得更加真实、身临其境的体验。在应急物流中，沉浸式技术可以被运用于培训和模拟场景中，提高应急响应的效果。例如，在培训过程中，使用沉浸式技术可以让从业人员更好地体验紧急情况，提高应对突发事件的能力。

总体而言，6G 技术在应急物流中的应用有望通过传感通信、数字孪生、沉浸式应用等多个方向，推动物流行业向智能、高效、安全的方向发展。6G 的高速通信能力、全面感知的传感技术及数字孪生的虚拟建模将为应急物流提供更为强大的支持，助力应急物流在面对各种挑战时能够更加迅速、精准地作出应对。

二、低轨卫星互联网与应急物流

低轨卫星互联网技术的应用有望提升应急物流管理的效能，为紧急情况下的物流协调和应对提供更强有力的支持。随着全球信息化的推进，对于高速、低延迟、全球覆盖的互联网通信需求日益增加。传统的互联网基础设施在偏远地区或灾难发生时可能无法提供可靠的通信服务。

低轨卫星通信是利用在低地球轨道运行的卫星系统，提供全球性的通信覆盖。与传统的大型通信卫星相比，低轨卫星通信系统的卫星距离地球更近，通信信号传输延迟更低。这种系统通常由大量的小型卫星组成，它们以卫星网络的形式协同工作，覆盖全球范围。

SpaceX 公司推出的星链（Starlink）项目是一个全球性的低轨卫星互联网系统。该项目旨在利用大规模部署的低轨卫星网络，实现全球性、高速、低延迟的卫星互联网服务。SpaceX 计划将数千颗小型卫星部署到低地球轨道，以覆盖地球上几乎所有的区域。

随着全球信息化的推进，对于高速、低延迟、全球覆盖的互联网通信需求日益增加。传统的互联网基础设施在偏远地区或灾难发生时可能无法提供可靠的通信服务，于是低轨卫星互联网应运而生，其主要发展背景包括以下几点。

（1）全球覆盖需求。传统互联网基础设施难以实现对全球各地的完全覆盖，而低轨卫星系统可以通过大规模部署实现全球性的通信服务，包括偏远地区和海洋。

（2）低延迟要求。对于一些对通信延迟敏感的应用，如在线游戏、视频通话等，低轨卫星的短传输路径可以大幅减少信号传输延迟。

（3）灾难应急通信需求。在自然灾害或其他紧急情况下，传统的通信基础设施可能受到破坏，而低轨卫星互联网可以提供更为稳定和可靠的通信服务，满足应急需求。

根据上述的分析，低轨卫星互联网可以为应急物流的发展带来一系列好处，主要包括以下三点。首先，低轨卫星通信的低延迟特性使应急物流系统能够更快速地响应灾害、紧急情况或供应链中断。其次，在偏远地区或灾害发生区域，传统的互联网基础设施可能受到破坏，而低轨卫星通信能够提供全球性覆盖，确保通信连通性。最后，在灾难发生时，低轨卫星互联网可以作为备用通信手段，确保物流指挥中心与各个节点之间的通信畅通。

总体而言，6G 和低轨卫星互联网技术的应用有望提升应急物流管理的效能，为紧急情况下的物流协调和应对提供更强有力的支持。

参考文献

[1] 曲强，林益民. 区块链 + 人工智能：下一个改变世界的经济新模式 [M]. 北京：人民邮电出版社，2019.

[2] 曹康泰. 突发公共卫生事件应急条例释义 [M]. 北京：中国法制出版社，2003.

[3] 曾光. 论零级预防 [J]. 中华预防医学杂志，2008，42（5）：296 - 297.

[4] 陈思地. 传染疾病情景下的应急物流研究 [J]. 物流工程与管理，2020，42（4）：103 - 104，81.

[5] 雷翠萍，孙全富，苏旭. 核和辐射突发事件卫生应急中的危机沟通 [J]. 中国预防医学杂志，2013（6）：471 - 472.

[6] 李歆，王卫东，邢园，等. 浙江省食品药品安全应急管理处置体系现状调查与对策研究 [J]. 中国药事，2017（11）：1249 - 1256.

[7] 戚建刚. 特殊类型突发公共卫生事件预警法制模式之变革 [J]. 清华法学，2021，15（2）：143 - 161.

[8] 舒丽萍，张文辉. 杭州市 2004—2018 年环境污染、食物和职业中毒突发公共卫生事件分析 [J]. 实用预防医学，2020，27（6）：743 - 744.

[9] 苏旭. 中国放射卫生进展报告（2009—2014）[M]. 北京：

中国原子能出版社，2015.

[10] 孙咸泽．大力推进新常态下食品药品安全应急管理工作 [J]．中国应急管理，2015（10）：30 - 33.

[11] 锁箭，杨涵，向凯．我国突发公共卫生事件应急管理体系：现实、国际经验与未来构想 [J]．电子科技大学学报（社科版），2020，22（3）：17 - 29.

[12] 谢晶仁．国外传染病疫情防控对中国应对突发疫情的启示 [J]．中国公共安全（学术版），2020（1）：1 - 4.

[13] 徐东．应急物流建设与发展对策建议 [J]．中国应急管理，2020（2）：33 - 34.

[14] 薛澜，朱琴．危机管理的国际借鉴：以美国突发公共卫生事件应对体系为例 [J]．中国行政管理，2003（8）：51 - 56.

[15] 杨宏山．构建高效的突发公共卫生事件预警机制 [J]．人民论坛，2020（S1）：110 - 112.

[16] 叶冬青，查震球．我国突发公共卫生事件的新特点与应对新策略 [J]．中华疾病控制杂志，2009（1）：1 - 3.

[17] 余家祥，王遥飞，索馨，等．应对新冠肺炎疫情武汉应急物流发展问题与对策建议 [J]．综合运输，2020，42（4）：4 - 7.

[18] 袁龙，付熙明，雷翠萍，等．全国核辐射突发事件卫生应急能力现状分析 [J]．中国辐射卫生，2019，28（1）：28 - 32.

[19] 袁强，张静晓，陈迎．建立我国应急物流体系的构想与对策——基于新冠肺炎疫情防控的经验教训 [J]．开放导报，2020（3）：86 - 92.

[20] 赵飞，傅承主，矫涌本，等．国内外突发公共卫生事件应急

指挥系统建设研究 [J]. 中国卫生信息管理杂志, 2012, 9 (2): 25 - 29, 61.

[21] 周若兰, 郑琰. 突发公共卫生事件应急物流管理现状及问题研究 [J]. 物流科技, 2020, 43 (4): 72 - 74.

[22] 曹琦, 陈闻轩. 应急设施选址问题研究综述 [J]. 计算机工程, 2019, 45 (12): 26 - 37.

[23] 陈斯卫. 应急物流系统建设初探 [J]. 职业圈, 2007 (7): 174 - 175.

[24] 翟立君, 潘沐铭, 汪春霆. 卫星 5G 技术的发展和展望 [J]. 天地一体化信息网络, 2021, 2 (1): 1 - 9.

[25] 方凯. 浅议应急物流系统建设中的几个难点问题 [J]. 中国集体经济, 2008 (7): 56 - 57.

[26] 高彦龙, 唐嘉婷, 闫阳, 等. 电力应急物资分类储备管理研究 [J]. 科技创新导报, 2014, 11 (34): 165 - 166.

[27] 龚亚伟. 应急救灾物资车辆最优路径选择的研究与实现 [D]. 武汉: 武汉理工大学, 2008.

[28] 顾岩, 钱进. 应急物流系列讲座之三 应急物流指挥系统的构建 [J]. 物流技术与应用, 2008 (9): 100 - 102.

[29] 赖志柱, 王铮, 戈冬梅, 等. 多目标应急物流中心选址的鲁棒优化模型 [J]. 运筹与管理, 2020, 29 (5): 74 - 83.

[30] 李春妍. 通信技术在物流系统中的应用 [J]. 中小企业管理与科技 (下旬刊), 2010 (7): 251 - 252.

[31] 李旭东, 王耀球, 王芳. 突发公共卫生事件下基于区块链应用的应急物流完善研究 [J]. 当代经济管理, 2020, 42 (4): 57 - 63.

［32］刘新智，史晓宇．健全统一的应急物资保障体系［N］．学习时报，2020－05－18（005）.

［33］孟参，王长琼．应急物流系统运作流程分析及其管理［J］.物流技术，2006（9）：15－17.

［34］阮舟一龙，陆琳．基于物联网技术的应急物流研究［J］.江苏商论，2011（9）：60－62.

［35］汪春霆，李宁，翟立君，等．卫星通信与地面5G的融合初探（一）［J］.卫星与网络，2018（9）：14－21.

［36］王旭坪，傅克俊，胡祥培．应急物流系统及其快速反应机制研究［J］.中国软科学，2005（6）：127－131.

［37］魏际刚，张瑷．加快应急物流体系建设 增强应急物资保障能力［J］.中国流通经济，2009，23（5）：15－17.

［38］熊笑坤，康广，王燕．基于协同运作机制的应急物流体系建设［J］.物流技术，2015，34（6）：152－154.

［39］杨梦诗．考虑道路通行状态的应急物流配送系统优化问题研究［D］.北京：华北电力大学，2019.

［40］古彪．世界特种飞行器及应用［M］.北京：航空工业出版社，2016.

［41］杨小春．基于应急物流的物流信息系统的构建研究［J］.电子商务，2017（6）：5－6.

［42］袁勇，王飞跃．区块链技术发展现状与展望［J］.自动化学报，2016，42（4）：481－494.

［43］张世全，曹广阔，张立朝．空间信息技术在土地资源管理中的应用［J］.河南国土资源，2006（1）：42－43.

［44］张颖．基于重大突发性公共事件应急物资跟踪审计的研究［D］．成都：西南财经大学，2012.

［45］张中华．苏南应急物流自组织协同机制研究［J］．物流技术，2017，36（7）：27－31.

［46］赵冉．基于 B/S 的应急物资仓储管理系统研究与设计［D］．大连：大连理工大学，2014.

［47］赵士凤，李学工．突发事件的农产品应急物流协调指挥系统研究［J］．粮食流通技术，2013（1）：1－7，12.

［48］赵振立．试论建立统一的应急物流协调、指挥系统的重要意义［N］．现代物流报，2020－03－09（A08）．

［49］周凌云，张清，罗建锋．应急物流体系的建设与协同运作机制［J］．综合运输，2011（6）：24－29.

［50］李明倩．新冠肺炎疫情下全球公共卫生治理的改革路径与中国角色［J］．当代世界，2022（1）：41－45.

［51］杨维中，张婷．高度不确定新发传染病的应对策略和措施［J］．中华流行病学杂志，2022，43（5）：627－633.

［52］陈哲，吉熙章．机器人技术基础［M］．北京：机械工业出版社，1997.

［53］朱世强，王宣银．机器人技术及其应用［M］．杭州：浙江大学出版社，2001.

［54］BERKLEY S. COVID－19 needs a big science approach［J］. Science, 2020, 367: 1407.

［55］LAI S, RUKTANONCHAI N W, ZHOU L, et al. Effect of non－pharmaceutical interventions to contain COVID－19 in China［J］.

Nature, 2020, 585 (7825): 410 – 413.

［56］ HOKEY MIN, VAIDYANATHAN JAYARAMAN, RAJESH SRIVASTAVA. Combined location – routing problems: A synthesis and future research directions ［J］. European Journal of Operational Research, 1998, 108: 1 – 15.

［57］ LIU Yi, LI ZONGZHI, LIU JINGXIAN, et al. A double stand-ard model for allocating limited emergency medical service vehicle resources ensuring service reliability ［J］. Transportation Research Part C: Emer-ging Technologies, 2016, 69: 120 – 133.